¡ES QUE NO ME
¡ENTIENDES!

MARÍA DEL PILAR MONTES DE OCA SICILIA

¿ES QUE NO ME ¡ENTIENDES!

Lenguaje femenino VS lenguaje masculino

Grijalbo

¡Es que no me entiendes!
Lenguaje femenino vs lenguaje masculino

Primera edición: noviembre, 2017

D. R. © 2017, María del Pilar Montes de Oca Sicilia

D. R. © 2017, derechos de edición mundiales en lengua castellana:
Penguin Random House Grupo Editorial, S. A. de C. V.
Blvd. Miguel de Cervantes Saavedra núm. 301, 1er piso,
colonia Granada, delegación Miguel Hidalgo, C. P. 11520,
Ciudad de México

www.megustaleer.com.mx

ISBN: 978-607-315-898-5

Impreso en México – *Printed in Mexico*

El papel utilizado para la impresión de este libro ha sido fabricado a partir de madera procedente
de bosques y plantaciones gestionadas con los más altos estándares ambientales, garantizando
una explotación de los recursos sostenible con el medio ambiente y beneficiosa para las personas.

Penguin
Random House
Grupo Editorial

*Dedico este libro a todos
los hombres y las mujeres
que día a día la pasan mal
en sus relaciones con el otro sexo.*

ESTE LIBRO NO ESTÁ
BASADO EN HISTORIAS
REALES. SÓLO INSPIRADO

ÍNDICE

PRESENTACIÓN

No quiero comprender tu idioma, lo que quiero
es entenderme con tu lengua

Julio: ¿Qué te pasa, estás enojada?
Lulú: No, para nada. *(Más vale que averigües por qué estoy enojada porque si no, te va a ir de la mismísima chingada).*

Divorcios, malos entendidos, palomitas en color azul —y otras formas de saber que te dejaron en visto—; mujeres hablando mal de los hombres; hombres emborrachándose porque ya no aguantan a sus mujeres; mujeres quejándose de sus parejas en el café.

Ideas preconcebidas, tabúes, formas ancestrales no revisadas, paradigmas anquilosados —te abre la puerta pero quiere que tú le abras hasta la chela—, malos tratos, entuertos, reveses, traiciones que no lo son pero que son concebidas como tales; frases hechas como «mujeres en paz y juntas ni difuntas» o «*you can take the man out of the cave, but you can't take the cave out of the man*»; en fin... éstas son sólo algunas de las cosas que pueblan nuestro día a día simple y llanamente porque vivimos en un mundo mixto, y tenemos —queramos o no— que convivir día a día con personas del sexo opuesto en tooodo lo que hacemos y en tooodo lo que decimos. Por otro lado, nuestra lengua es el reflejo de todo lo que hacemos y tooodo lo que pensamos; es nuestra identidad, nuestra tarjeta de presentación, nuestro principio y nuestro final. Puedes ponerte un traje nuevo y andar en un auto de lujo, pero a la hora de hablar sale tu verdadero «yo». La lengua es nuestra *fachada*, y, además, a través del lenguaje conocemos el mundo, porque es la mejor y más efectiva forma de comunicarnos con los demás.

Si sumamos estos dos puntos nos daremos cuenta de que muchos de los problemas que surgen en las relaciones humanas, entre hombres y mujeres, son problemas de comunicación, así de sencillo y así de difícil. Y por comunicar entiendo lo que señala el diccionario: «hacer partícipe al otro —o a los otros— de nuestras ideas, compartir, interrelacionarse con otros a nivel del pensamiento, hacerle sentir lo que nosotros sentimos». Justo viene del latín *communicare* que significa «hacer común algo».

Podríamos decir que la comunicación consiste en hacerle sentir, entender o pensar a otro lo que nosotros sentimos, entendemos o pensamos; parece fácil, pero no lo es, porque todos hablamos distinto, por eso a veces es tan difícil comunicarnos, más aún porque de acuerdo a diferentes vertientes —a nuestra edad, a nuestro estrato sociocultural, a nuestra región y, obvio, a nuestro sexo—, hablamos diferente.

Ni las mujeres somos de Venus ni ellos vienen de Marte, pero los hombres van a evitar mostrar sus emociones y las mujeres se pondrán chípiles cada 28 días, simple y llanamente porque somos distintos; desde los genes —xx y xy— y las interconexiones cerebrales, hasta la educación y la cultura que nos rodea y nos coloca en cierto lugar; porque «los niños no lloran» y «mujer que sabe latín, ni encuentra marido ni tiene buen fin»; que, aunque no sea cierto, ha permeado en nuestro inconsciente colectivo al punto de que nos lo creemos y no le hablamos igual a un niño que a una niña, ni le ponemos zapatitos rosas a Pablito, ni botas mineras a Mariloli.

Es un hecho que somos diferentes en forma y en fondo: las mujeres en general tenemos más capacidad verbal, mientras que los hombres son mejores para ubicarse en el espacio —leen mejor los mapas y son más orientados— y para concentrarse en actividades abstractas como las matemáticas. Las mujeres *hablan*, los hombres *hacen*, se dice por ahí. Pero Margaret Thatcher rebate y nos dice: «Si quieres que se diga algo pídeselo a un hombre; si quieres que se haga, pídeselo a una mujer».

Aunque cualquier generalización nos lleva a un desacierto, porque conozco mujeres muy calladitas, y hombres que se pierden hasta en el súper. Mi tío Manolo no paraba de hablar, te enganchaba con la mirada y no te soltaba en toda la fiesta, además era memorioso y no olvidaba nada —como dicen que somos las mujeres, que no olvidamos, archivamos— y, por su lado, mi hermana Nieves es un *Waze* humano y te lleva hasta «donde el tigre baja a tomar agua», sin mapa y sin 4G, y mi amiga Chavira es una matemática de impacto, mientras que mi primo Enrique no sabe sacar ni una raíz cuadrada.

De lo que trata este libro, es de dejar este tipo de ideas preconcebidas atrás, de olvidarnos de prejuicios y dogmas anquilosados y ahondar en este tema para saber cómo y por qué cada uno de los sexos habla de forma diferente y cómo se relacionan; cuáles son sus puntos de encuentro, dónde está la brecha y dónde hay matices salvables y, por último, si hay áreas en donde la comunicación puede mejorar y de qué manera lograrlo. Aquí encontrará mil y un ejemplos de cómo nos comportamos las mujeres y los hombres, con una explicación fácil y didáctica del porqué.

Como lingüista, me di a la tarea de oír detenidamente los juegos de los niños, las interacciones en la escuela, los diálogos de adolescentes, los chismes, las pláticas entre amigos y entre parejas, las conversaciones entre sólo mujeres y entre puros hombres, y las situaciones más comunes y más inverosímiles para luego corroborar, como lo exige la ciencia y la lingüística, cada uno de ellos.

La idea es presentar las diferencias del lenguaje masculino y femenino de forma sencilla y por temas: desde la cama hasta la cocina, desde el trabajo hasta la escuela, desde lo formal hasta lo coloquial y desde el ámbito público hasta el privado; para que ustedes puedan darse una idea de cómo y de qué va esto de comunicarnos para quienes hablamos una especie de «femeñol» y los que hablan un tipo de «masculinés».

Espero, querido lector, que con este libro pueda saber un poco más sobre los lenguajes, reírse un rato y, por qué no, hasta encontrar una manera de resolver los engorros diarios con el otro sexo.

María del Pilar Montes de Oca Sicilia

PRÓLOGO FEMENINO

María del Pilar Montes de Oca Sicilia habla bien y mucho.

Como reconocida lingüista y amante del idioma, conoce su estructura, significado, uso y efecto preciso de las palabras; es experta en frases idiomáticas y domina el lenguaje coloquial con pericia. Pero, no conforme con saber sobre el idioma más que la mayoría, ha decidido tratar de contestar la pregunta que la humanidad se ha hecho desde que Eva le ofreció una manzana a Adán —y éste, por no meterse en broncas, le dijo que sí temiendo que Eva «se le pusiera intensa»—: ¿por qué existen tantos problemas de comunicación entre hombres y mujeres si hablamos la misma lengua?

En este libro, Pilar aborda los temas en los que suele surgir el conflicto, y nos ofrece respuestas a los enigmas que enfrentamos las mujeres al comunicarnos con los hombres en la vida privada, en la intimidad y en la vida laboral. Haciendo uso del humor que la caracteriza, nos cuenta anécdotas divertidas y las fundamenta con estudios científicos, resultando en una lectura didáctica y amena a la vez.

Se nos acusa de «hablar mucho». ¡Pues cómo no! Las civilizaciones modernas existen desde hace unos 6 mil años y las mujeres no hace ni 100 que alcanzamos a tener «voz y voto». Es natural que tengamos mucho qué decir. A la hora de la hora, no es que hablemos mucho, es que nuestro discurso es diferente al de los hombres. Un discurso que aparentemente ellos no comprenden, porque el nuestro está basado en las emociones. A los hombres, más eficientes en su comunicación, no les gusta perder el tiempo en los detalles que las mujeres requerimos y es cuando ocurren fallas, a veces insalvables.

Sin caer en generalizaciones —pues si hay hombres que aluden a las emociones en su discurso y, o son gays o se llaman Bill Clinton— la mayoría de los lectores se identificarán con algunas de las situaciones descritas en el libro, en particular, las que se refieren a las redes sociales. La aparición de las redes sociales en los últimos diez años ha generado una nueva capa de comunicación a través de los mensajes instantáneos, los comentarios en Facebook, Twitter, Instagram y los adorables emoticones, que aparentemente los hombres todavía no saben muy bien qué hacer con ellos, pues, como su nombre lo dice, sirven para acentuar una emoción. Este nuevo nivel de comunicación complica la cosa aún más y Pilar nos explica las conductas típicas femeninas y masculinas, las fallas y las terribles consecuencias de un «visto» sin respuesta, que suele ser el preludio del espeluznante «Houdinazo». Y ¿quién no ha sido víctima de este acto de desaparición?

Los hombres, por naturaleza y genética predispuestos a «la caza» —de animales, de trabajo, de comida, de mujeres— y las mujeres, predispuestas a «la organización» —de salidas, de bodas, de niños, de vida—, están hechos para dos tipos de actividades muy diferentes, por lo que no resulta extraño que sus formas de comunicación sean también diferentes y, muchas veces, discrepantes. Los hombres saben cómo relacionarse con los hombres, y las mujeres sabemos lo que se requiere para relacionarnos con otras mujeres. Los dos grupos conocen las reglas de su género, pero cuando la comunicación se torna transgénero empiezan los problemas, y es ahí donde la autora nos explica dónde radican estas diferencias.

¡Entendí tantas cosas que ya intuía! Donde el hombre es directo y agresivo, la mujer es empática y persuasiva. Para tomarse una cerveza con los amigos basta mandar un WhatsApp diciendo: nos vemos en el bar el viernes a las 7, y se presentan todos. Y el que por alguna razón no puede, ya sabe que se fregó y mejor ni responde para evitar la burla. Para que un grupo de mujeres se reúna a cenar, pasan tres días cambiando de fecha y lugar hasta complacerlas a todas —a la mayoría—, porque «Dios guarde la hora que se vaya ofender fulanita», o como dice una amiga, «no me lo pierdo, porque no quiero ser "el postre"».

Pilar nos recuerda que a las mujeres nos gusta hablar de la gente, a los hombres... no tanto, salvo que se trate de un deportista o un político.

El impacto de todas estas «crisis» de comunicación entre los hombres y las mujeres queda claro en el texto, que también alude al porqué. No hace tanto, la vida de una mujer se limitaba a las labores domésticas y a atender al marido y a los hijos. Era una vida de observación, y si tenían interés en tareas consideradas «masculinas» —de hacer cosas—, debían hacerlo a escondidas. Cuando finalmente la mujer pudo ir a la universidad, trabajar, votar, participar en la vida pública y finalmente «tener voz», la domesticidad ya se había arraigado en ella. Los hombres, por el contrario, siempre han tenido «el poder», inclusive hasta de callarnos. No es extraño que se espanten cuando una mujer «habla mucho y bien», y que hasta desaparezcan, pues como dijo Napoleón: «Las batallas contra las mujeres son las únicas que se ganan huyendo».

¡Es que no me entiendes! es una interesante y graciosa exploración de los roles que el hombre y la mujer desempeñan en la sociedad de hoy en día y cómo éstos se manifiestan a través del lenguaje cotidiano, con sus frustrantes —y a veces hilarantes— consecuencias y malentendidos. Pilar ha decidido abordar un tema difícil de conciliar, pero nos revela algunos secretos que pueden servirle a los hombres de herramientas para comprender que si nos ponemos muy intensas es simple y sencillamente... ¡porque nos importan!

Carolina A. Herrera
Autora #Mujer que piensa
Chicago, julio 2017

PRÓLOGO MASCULINO

Sólo hay mundo donde hay lenguaje.
MARTIN HEIDEGGER

Después de leer este interesante y entretenido libro, me queda más claro que los hombres somos, actuamos, sentimos y hablamos distinto que las mujeres.

En él, a través de anécdotas y datos de diversas investigaciones lingüísticas, entendemos los avatares de la comunicación entre mujeres y hombres.

María del Pilar Montes de Oca Sicilia empieza contándonos que desde niños somos más agresivos y competitivos que las mujeres, debido a la testosterona, pero también debido a que nuestra educación es distinta, porque a las niñas siempre se les ha pedido ser más *polite* y tiernas mientras que a nosotros, desde que somos niños, nos prohíben llorar o jugar con muñecas porque «se vería mal».

En *¡Es que no me entiendes!* comprendemos por qué a los hombres todo nos empieza a parecer mal desde que entramos a la pubertad: nos apestan los pies, empezamos a pelear, aprendemos albures, dormimos mucho y bueno, esas cosas que ocurren cuando empiezas a buscar una identidad propia.

Después, entra ya a zonas más peligrosas: las redes sociales. Hoy en día la mayor parte de nuestras interacciones son a través de chats, Facebook y Twitter, que a mí no me gustan, pero debo aceptar que en este libro están tratados de manera superchistosa y con gran soltura.

Muchas características de nosotros los hombres son entendidas perfectamente por Pilar; tales como los celos, las mentiras, el *mansplaining*, el «houdinazo» —que es la habilidad que tenemos de fugarnos en el momento preciso, a menos de que nos enamoremos—, el que no nos gusta discutir, el que no nos gusta preguntar direcciones, etcétera.

La vida en pareja es también tratada con humor, ya que siempre ha sido motivo de problemas de comunicación, y cada día es más compleja y delicada: en general los hombres queremos ser más concretos y menos sentimentales; pero siempre surgen desacuerdos y destiempos y aparecen nimiedades que se van convirtiendo en grandes batallas.

El tema del sexo es crucial en este libro. Algo bien interesante es que nos cuenta cómo los hombres usamos los piropos y las adulaciones para llevarlas a la cama y somos nosotros quienes expresamos más nuestros deseos y fantasías —nos gustan las palabras sucias: orales y escritas— y todo ese tipo de cosas que rodean al sexo.

«Hay un hecho ineludible que he repetido en este libro: los hombres hablan de cosas y las mujeres de personas», esto nos lo dice Doña Pilar en un capítulo divertido que habla sobre las amiguitas, su complicidad y sus confesiones, que como se podrán imaginar, es extenso y pasa por todos los temas; algunos inimaginables. Y, por otro lado, nos cuenta sobre temas fundamentales como albures, amigos y mentiras. El que casi siempre lleguemos tarde «porque tuvimos algún problema de trabajo» o «había mucho tráfico» —lo cual es casi siempre mentira —. Y el hecho de que con los amigotes hablemos de pocas cosas, pero muy concretas: deportes, política, coches, tecnología y bueno, alguna vez, de mujeres. Además, nos albureamos todo el tiempo. «El placer de ganarle al oponente es indescriptible».

Por otro lado, en este libro descubrimos cómo la mujer, a partir de la Segunda Guerra Mundial y de la creación de la pastilla anticonceptiva, ha dejado de estar marginada a la crianza de

los hijos y al hogar, y ha podido incursionar en el mundo eje-
cutivo hasta ser directora o presidenta; sin embargo, aun así, el
discurso público sigue siendo machista.

El tema de separación y mal de amores es importante porque
aquí sí nos pega a hombres y mujeres por igual. Es el momento
en el que no podemos comer, ni dormir; el mundo nos parece
absurdo y la frustración inunda nuestro ser. Nuestras congéne-
res están acostumbradas a contárselo a todo mundo; nosotros, en
cambio, lo olvidamos con amigos, chupe y deportes.

Desde luego, este libro no podría concluir sin tomar en cuenta
otras culturas y estratos. Cada grupo social tiene su propio lenguaje y es por eso que existen tantos idiomas. Cultura y lengua
van de la mano y no pueden vivir una sin la otra; en cada sociedad, hombres y mujeres tienen una manera diferente de hablar,
en cuanto a los roles de género existentes.

Es por ello que nunca vamos a poder ser iguales... De María
del Pilar Montes de Oca Sicilia, no quiero decir ni su currículum,
ni que tiene un doctorado en lingüística, ni del empeño y pasión
con la que hace sus libros y revistas; quiero contarles, más bien,
que la conozco y que es una mujer amorosa y generosa, lo cual la
convierte en una persona excepcional. Durante parte del tiempo
que me contaba algunos detalles que ustedes podrán leer en este
libro, nos reímos muchísimo porque así es ella: feliz. Me impacta
su inteligencia y su memoria, es verdaderamente increíble —y
más para alguien como yo que no se sabe su propio número de
teléfono—. Y por ello merece mi aprecio, respeto y admiración.

Sólo me queda recomendarles ampliamente este libro— hecho con mucha pasión— porque estoy seguro de que, con él,
aprenderán, se reirán y se divertirán mucho.

Josenrique Martínez Alba

INTRODUCCIÓN

Ella: ¿Cómo te fue en la chamba?
Él: Bien.
Ella: Bien, ¿por qué?
Él: Bueno, normal.
Ella: ¿Normal o bien?
Él: Ay, ya, no quiero hablar.

Desde que mi primo Mau —cuando ambos teníamos seis años—, me enseñó una palabra que escribió con un palito en la tierra —pito— a la que yo consideré tan altisonante que me puse a llorar por no entenderla —y luego él no entendió por qué lloraba—, he pensado que a los sexos nos separa un gran abismo y que nuestra comunicación es muchas veces imposible.

A mediados del siglo XX este tema empezó a ser sujeto de debate, de estudios y de una gran cantidad de acercamientos, tanto científicos como psicológicos y sociales, que tratan de advertir que no sólo unas tenemos chichis y los otros, pene, sino que hasta nuestros cerebros son distintos y por tanto nuestra forma de hablar. Si unos «venimos de Venus y otros de Marte», ¿no hay mucho que esperar? Porque los hombres nunca van a bajar la tapa del escusado y las mujeres siempre van a reclamar hasta lo irreclamable.

☞ Lengua más cultura

No sabemos qué parte de nuestro lenguaje es innata y qué parte es adquirida. Para el lingüista Noam Chomsky, los seres humanos nacemos con una capacidad inherente para hablar; otros estudiosos como Piaget y Pinker, insisten en que es a partir de la interacción, del diálogo y del oír hablar la lengua que el ser humano aprende a hablar. Y ambos pueden tener razón, porque hasta el momento, la ciencia no se ha podido poner de acuerdo en qué es lo que se puede considerar cultural o natural.

Esta dicotomía, naturaleza-cultura, subyace en todas las investigaciones científicas, de cualquier tipo y de cualquier tema, hoy en día. Desde si la diabetes se da debido a un gen, o te da por una mala alimentación, o si nacemos con tendencia a la homosexualidad y a través del entorno la desarrollamos, en fin. Pero en la mayoría de los casos, se acaba por concluir que es «parte y parte», y que tanto naturaleza como cultura se entrelazan para hacernos como somos.

En el caso de la lengua, el problema va un poco más allá, porque el tema de si hablamos de una manera u otra, por causas naturales o culturales, ha sido carne de cañón para las feministas —o mujeres hartas de la desigualdad— y otros lingüistas. Unas abogan por la total igualdad —innata y cultural— que les ha servido para preponderar las características del habla femenina como «especiales», «únicas» y «mejores» que las de los hombres, y otros, por las diferencias naturales e innatas dadas por las distinciones cerebrales, las hormonas, los cambios físicos y obvio, el entorno.

En el capítulo que Steven Pinker dedica a las diferencias entre las mujeres y los hombres —en su libro *The Blank Slate*, acerca de la naturaleza humana— se nota el miedo que le da decir que las diferencias son innatas, ya que para muchos, eso justo, no es políticamente correcto. Y como el tema es polémico, y las mujeres traen «hambre atrasada», ha habido gran cantidad de literatura que asegura que las mujeres somos más chingonas en todo y también, obvio, en la forma de hablar.

En 2006 se publicó el libro *The Female Brain*, donde se afirmaba que las mujeres usamos más de 20 mil palabras por día, mientras que los hombres, sólo 7 mil. Esto causó conmoción.

Pero más tarde, el lingüista especializado en fonética, Mark Liberman —que ha hecho estudios serios al respecto—, afirmó que esto era totalmente falso, ya que la cantidad de palabras que las mujeres pueden utilizar varía entre las 4 mil y las 25 mil de acuerdo con su estrato sociocultural, sus estudios y lo que leen, y lo mismito pasa con los hombres.

☞ *Sexo y género*

Aquí entra otro tema que ha estado en boga en los últimos años y tiene mucho que ver con el tema de este libro: el de la diferencia entre sexo y género y los problemas que acarrea. Hoy en día, se entiende por sexo las características genéticas, hormonales, fisiológicas y funcionales que a los seres humanos nos diferencian biológicamente; mientras que el género es el conjunto de características sociales, culturales, políticas, psicológicas, jurídicas y económicas asignadas a las personas en forma diferenciada de acuerdo al sexo; es una construcción, no algo natural, algo que se hace.

En este sentido, y tratándose de nuestra forma de hablar, ésta incide en ambos rubros, tanto en el sexo: nacemos con características cerebrales, físicas y fisiológicas distintas —la testosterona, la voz aguda, el aparato fónico, la función tiroidea, la manzana de Adán, por poner unos ejemplos—; como en el género: somos educados como niña y niño, rosa y azul, nos compran juguetes diferentes, nos visten distinto, nos hablan distinto: «las niñas no dicen groserías», «los niños no lloran», entre otros.

Mientras más pasa el tiempo y la mujer va ganando espacios en el ámbito intelectual, laboral, social, político y económico, más cuestionamientos y estudios surgen sobre las diferencias entre la forma de pensar, de actuar, de reaccionar, de reír y, por ende, de hablar de hombres y mujeres. Sin duda es un tema que a todos nos interesa, simplemente porque en este mundo, que es una escuela mixta, todos los días convivimos con el sexo opuesto, ya sea como hijos, como padres, como parejas, como jefes, como subalternos, como amigos, como novios o como lo que sea.

☞ *Femeñol y masculinés*

La idea de que los hombres y las mujeres hablamos distintos idiomas: «femeñol» y «masculinés» es ya una verdad difundida, o un dogma de fe, pero también un tema a investigar. Son idiomas distintos, pero ¿qué tan distintos? ¿En qué ocasiones? ¿Bajo qué influencia? Y ¿conforme a cuáles premisas? La madre y el padre le hablan distinto al niño y a la niña, y viceversa. Ahí empieza todo y luego se va ramificando de tal manera que incide en todos los ámbitos de nuestra vida: el kínder, la escuela, los amigos, las amigas, el trabajo, los novios, el sexo, el WhatsApp, el Facebook, las conversaciones, los divorcios y hasta los testamentos.

Lo que hasta ahora sabemos de la forma de hablar masculina y femenina está muy, pero muy estereotipado, incluso muchas veces hasta tergiversado. Sabemos unas cosas, pero no todas, y las que sabemos, no las sabemos bien. Yo creo —como los científicos— que debemos seguir la evidencia, pero la evidencia a veces no nos lleva a donde pensamos. Porque si examinamos los últimos 30 años de investigación sobre el lenguaje, la comunicación y los sexos, descubriremos que nos cuentan una historia muy diferente; como ya dije, las feministas de la nueva ola «jalan agua para su molino», diciendo que la mujer es más *polite*, más cooperativa, más linda y más perfecta; mientras que el hombre es tonto y «se queda callado, nos ha dominado y no nos deja de sermonear». Se entiende, en parte, por todos los siglos en que la mujer había estado relegada, pero queda claro que no es la realidad.

Por otro lado, el cine, las telenovelas, los programas de tele, los bestsellers y los memes nos dan información que no siempre es realista, muchas veces es falsa y pertenece a las creencias populares: «Pancho no oye» y «Maruca habla como tarabilla».

Ella discute: «Nunca discutas con una mujer si está estresada, cansada, premenstrual o respirando».

Él la ignora.

Ella: Mi amor, ¿me pongo el vestido azul turquesa con escote atrás para la cena? o ¿el amarillo pavo con hombros?
Él: Sí.

Él siempre trata de escaparse:

Él: Mi amor, me voy con mis amigos a Cuba.
Ella: No por mucho madrugar se lo lleva la corriente.
Él: Ese refrán no va.
Ella: No, y tú tampoco.

Ella no dice lo que le pasa (en una misión Apollo tripulada por mujeres):

Astronauta: Houston, tenemos un problema.
Base: Sí, díganos.
Astronauta: Mmmh, nada.

Y así podría seguir poniendo ejemplos de lugares comunes, bromas y clichés que son parte de la «cultura popular» y que, la mayor parte de las veces, no nos llevan a nada, sino a ensanchar más la brecha que separa a ambos sexos e incluso pueden tener consecuencias nefastas en el ambiente laboral, en los noviazgos y hasta en las cantinas.

☞ *Ya ni la ciencia*

Pero más allá de los prejuicios, estereotipos y generalizaciones sobre la forma en que las mujeres y los hombres hablamos, tampoco la ciencia —la neurolingüística, la sociolingüística, la psicología, la antropología y la neurología, por mencionar sólo algunas— tiene respuestas claras, no es precisa; es decir, hay varias desavenencias en las diferentes investigaciones, no todas coinciden, muchas están sesgadas, en ocasiones se contraponen y, otras tantas, se basan en experimentos o muestras de una sola cultura —como la estadounidense— o simplemente se basan en muestras muy pequeñas que no son representativas del todo.

La idea de este libro es llegar un poco más allá. Buscar el común denominador de las investigaciones científicas y compararlo con el habla cotidiana de mujeres y hombres para dar conclusiones claras, no sesgadas ni profeministas, ni machistas, sino neutras y realistas, que nos expongan un panorama claro del terreno que estamos pisando cuando hablamos del «femeñol» y del «masculinés». Y es que debemos reconocer que hay mucho de enojo, de frustración, de miedo e incluso de desesperanza cuando uno ve el entresijo que representan las distintas maneras en las que los hombres y las mujeres nos enfrentamos al mundo.

Los seres humanos creemos saber cómo es el mundo que nos rodea y obviamente nos dirigimos a los demás esperando confirmar nuestra convicción, pero cuando vemos a otros —y sobre todo al sexo opuesto— actuar como si el mundo fuera completamente diferente al que nosotros conocemos, nos sacamos muchísimo de onda. En nuestras relaciones cercanas buscamos, de alguna manera, empatía y consenso, y cuando esa persona cercana reacciona a los eventos de forma completamente diferente a la nuestra, cuando ve la misma escena que nosotros estamos viendo con otros ojos, o cuando dice cosas que nosotros jamás hubiésemos dicho bajo las mismas circunstancias, nos estremecemos y sentimos que el suelo que pisamos es inestable e inseguro.

Tratar de entender cómo es que esto pasa y cómo y por qué nuestras parejas o amigos, o jefes, o hijos o alumnos, que pueden ser como nosotros en muchos sentidos, también pueden ser y reaccionar de una forma completamente diferente, es un paso imprescindible para comprender mejor el mundo y sentirnos más seguros. Y en cuestión de sexos esta brecha es a veces mayor; nuestra forma de hablar y la de nuestros similares es completamente diferente, como lo es obviamente nuestra forma de aproximarnos al mundo.

☞ *Cerebros femeninos y masculinos*

El lingüista Simon Baron-Cohen, en su libro *The Essential Difference,* toca algo interesante, un punto de vista que yo comparto y que mantengo a lo largo de este libro: más que hablar de mujeres y hombres, él habla de «personas con cerebro masculino» y «personas con cerebro femenino» —*masculine brain and female brain*—. Los cerebros masculinos —que llamaremos los de ellos o él— se expresan de una manera más bien plana, uniforme, van al grano. Los cerebros femeninos —que llamaremos los de ellas o ella—, en cambio, son un paisaje emocional con énfasis, curvas, en cierto modo, un mundo imprevisible. Él diría «muy buen libro», mientras que para ella sería «un libro maravilloso». Ellas tienden a irse a los extremos. Él puede estar enojado, ella indignada. Ellos se expresan de una forma más monótona, ellas tienden a mostrar más las emociones, riéndose, alzando la voz o gritando y, en general, son más expresivas en el sentido teatral. Él tenderá a esconderse detrás de lo que siente para evaluar sus posibilidades en cada situación, mientras que ella, con su carácter cooperativo, se involucrará a la primera. Ellos tienden a la competencia y tienen que pensar las cosas, ellas son más impulsivas.

Los cerebros masculinos y femeninos que, aunque en la mayoría de los casos coinciden con hombres y mujeres, no siempre lo hacen. Hay mujeres con más testosterona que reaccionan muchas veces como hombres, y no hablan mucho, ni hacen circunloquios; por su parte, hay hombres más afeminados que se van por las ramas en la conversación. Por ejemplo, yo tengo muchas cosas que me hacen pensar que mi cerebro es medio masculino: no hago caso cuando me están hablando, no puedo seguir conversaciones que me parecen anodinas y no pongo atención cuando me cuentan mis amigas sobre la vida de otras personas, simplemente porque no me interesa.

Podríamos decir que, en general, el lenguaje de los hombres tiende a ser un lenguaje de hechos, de cosas cuantificables, verificables, concretas y que se puedan definir. Rara vez permiten algo tan fugaz como una emoción, que es un lenguaje sin palabras y no se sabe bien a dónde te lleva. Los hombres tienden a hablar con sus parejas, cuando tienen problemas, como si fueran abogados: «Mira, si la dependienta no llegó, córrela y punto». Y no es que tengan menos habilidades comunicativas que las mujeres, sencillamente tienen otros objetivos: estar en control y, principalmente, ganar desde que son niños. En la conversación, su objetivo consiste en cambiar las ideas o las acciones de alguien; rara vez se deja entrever algo para que pueda verse la emoción o el sentimiento. Esto es común entre amigas y a ellos suele parecerles como una actitud muy aniñada, «muy de viejas», como cuando la tía trata de acaparar la atención de los demás hablando de sus males y dolencias.

Las mujeres, en general, tienen sus propios ritmos y son más sensibles que los hombres en el plano físico y biológico. La menstruación y el flujo de hormonas hacen más cambiante su ánimo. La sutileza también las puede hacer más vulnerables. Podría decirse que las mujeres son más cooperativas a la hora de hablar y los hombres interrumpen más. Pero eso no basta para que haya algunas que interrumpamos todo el tiempo y acabemos completando las frases de los caballeros, sobre todo si son nuestras parejas (*shame on me!*).

Simon Baron-Cohen, en su libro *The Essential Difference*,[1] nos dice:

---

[1] Consultar bibliografía.

Las personas con un cerebro más femenino son muy buenas como terapeutas, asesoras, enfermeras, trabajadoras sociales, maestras, mediadoras, etcétera. Mientras que las personas con cerebro masculino son maravillosos científicos, ingenieros, músicos, mecánicos, taxonomistas, banqueros, programadores o abogados.

Pero de todo esto hablaremos por partes y de forma explícita en este libro que, espero sea útil tanto a los cerebros femeninos, como a los masculinos para comprendernos mejor, entender qué queremos decir y vivir en paz y armonía.

BEBÉS O
¡AY, QUÉ COCHITA
MÁS BONITA!

Desde que la mamá tiene en el vientre al bebé empiezan las expectativas y las preguntas típicas de la tía Enriqueta:

—¿Va a ser niño o niña?

—Todavía no sabemos, tía Quetita, hasta los cuatro meses, cuatro meses y medio que ya se pueda ver en el ultrasonido.

Y en efecto, lo primero que se hace es preguntarle al doctor, o técnico o ultrasonidista, o como se le llame: «¿Qué es?, ¿niña o niño?». Y en el caso de que los papás no hayan querido saber qué es y ahorrarse unos cuantos pesitos, pues entonces cuando nace, la suegra lo primero que pregunta no es si *viene bien*, si está sanito, si tiene cinco dedos en cada pie y en cada mano, si no simple y llanamente si es niño o niña.

Y es desde ese momento, cuando el individuo es aún nonato, o neonato, que vamos construyendo el género y pidiéndole a los demás que al niño se le trate de una manera y a la niña de otra.

Un bebé es un bebé —una cosa neutra, bonita, cargable y apapachable— a quien se le habla de forma cariñosa, con arrumacos y con *babytalk*,[2] pero también lo diferenciamos al primer momento; si es niño, ponemos su cuarto, sus cobijas, su ropa y todo de azul, amarillo o hasta morado, pero nunca rosa, porque eso le toca a la niña, quien tendrá moños, falditas, vestiditos y flores. Prueba de ello es la perforación en las orejas que les hacen al nacer.

---

[2] Habla aniñada dirigida a niños y nuestras parejas, con sonidos más suaves y sin complicaciones: *papos* —zapatos—, *lete* —leche—, *aba* —agua—, *bebi* —bebé—, *cosha* —cosa—, etcétera.

☞ *No tan neutros*

La neutralidad termina en cuanto conocemos el sexo del bebé y le ponemos un nombre, porque hay nombres de niños y de niñas, y eso está muy claro, salvo algunas excepciones que caen en la confusión, como mi amiga Alexis a quien confundían con Alexis Argüello, el boxeador nicaragüense, y ahora con Alexis Sánchez, el futbolista chileno. O como Pilar Reyes, el también futbolista mexicano, o Lupe del grupo Bronco; pero tradicionalmente los nombres de vírgenes, flores y santas eran para niñas y los de santos para niños, incluyendo a Jesús y a Mahoma. Ahora los nombres han cambiado mucho, ya no se sacan del santoral, pero Onedollar Martínez es niño y Edué Disneylandia Pérez es niña —o eso supongo.

A partir de esta diferenciación empezamos a hablarle al niño y a la niña de distinta manera y además, nosotros, si somos la madre o el padre, también lo hacemos de diferente modo: «bebecita hermosa», «cosita chiquita», «gordo increíble», «bebé genial» dice la mamá, y «mi nena», «mi princesa», «mi gordo», «campeón» dice el papá.

Y también ahí empiezan las querencias. Decía Freud que la mujer, cuando tiene un hijo, satisface dos cosas: su deseo narcisista de ser madre y su deseo de tener pene. ¿Será por eso que mi mamá cuando le preguntan cuántos hijos tiene, responde: «Bueno, están Pilar, Nieves y... Feeeeeeeeeer». O mi tío, que decía que eran: «Paulina y los niños —que eran cuatro—». La atracción de los sexos comienza con los hijos, por eso cuando se llega a la adolescencia es tan emblemática y se trasluce en el complejo de Edipo o de Electra, que no son tema de este libro pero lo serán de alguno.

La madre tiene un rol, el padre otro y además éste se transmite a los hijos y a las hijas. He oído a señoras decir: «Ay, yo quiero tener niña pa' ponerle moños», literal y aunque parezca inverosímil, y a un hombre decir que quiere tener un niño «pa' poder jugar futbol con él» o «ir a las carreras», como si las niñas no pudieran patear una pelota o manejar un auto.

Pero así son las cosas: las formas se repiten y se heredan de generación en generación, con todo y liberación femenina. En un estudio llevado a cabo en la Universidad Stanford en los años noventa, se seleccionó a un grupo de bebés de entre nueve meses y un año, mitad hombres, mitad mujeres, y se les dio a escoger entre diversos tipos de juguetes; en general los hombres escogieron más los juguetes mecánicos o con movimiento: juegos de armar, cochecitos, LEGOS, mientras que las niñas se decantaron por juguetes como muñecas o juegos de recipientes, tazas y vasos. Esto es de alguna manera muy impactante, pues, pensamos que esas cosas son aprendidas y porque el resto de los estudios apuntan que los bebés, hasta cumplir los tres años, tienen preferencias neutras.

☞ *De estereotipos no salimos*

Hay bebés que se sienten atraídos por las muñecas; por ejemplo, yo tengo un hijo que siempre prefirió más los peluches que su hermana. Hay bebés dinámicos, hay bebés calmados, hay bebés hablones que balbucean desde temprano, otros calladitos; hay bebés que no paran ni un segundo, y otros que los puedes dejar en su cuna jugando por horas. Y todo esto no tiene que ver con el sexo.

Aunque hay algunos datos que apuntan, que los hombres son más susceptibles al autismo que las mujeres; varios estudios, entre ellos uno publicado en la revista *American Journal of Human Genetics*, realizado por un equipo internacional de investigadores, liderado por el Hospital Infantil de Toronto y la Universidad McMaster en Hamilton, Ontario, señala que hay una prevalencia de autismo de cinco varones por una mujer. Esto debido a un gen que tiene prevalencia en los hombres y evita cierto tipo de sinapsis que en las mujeres es menos común. ¿Será por eso que los bebés, desde chiquitos, no hacen caso y andan como en su mundo, mientras que las niñas en general interactúan más? Obvio, es broma.

☞ *¿Quién habla primero?*

Ahora bien, esto quizás podría relacionarse con quién habla primero y quién después; sin embargo, los estudios lingüísticos al respecto no han podido traslucir diferencias importantes. Investigadores británicos han encontrado que las niñas tienen mayor vocabulario que los niños entre los 18 y 24 meses de edad, pero esto no siempre es así —ya que el estudio sólo encontró una prevalencia de 3%—. Hay niños que hablan antes que las niñas, y tampoco se han podido poner de acuerdo con respecto al orden.

Por ejemplo, un estudio llevado a cabo en la Universidad de Navarra en los años noventa, dio por resultado que las primeras en hablar son las niñas primogénitas, y los que más tardan son los hombres segundos o «sándwiches», sobre todo si su hermana mayor es niña —¿será porque los madrastrea y no les permite hablar?—. Pero esto tampoco se ha podido comprobar ya que en muchos casos no es así y, además, cambia en diferentes culturas, y tiene mucho que ver con el entorno y la interacción de la casa, entre hermanos, primos, abuelos, *caregivers,*[3] ya sea niño o niña, primero, segundo o séptimo.

Por otro lado, tras revisar más de cien estudios programados de neuropsicología, los científicos han concluido que las niñas son mejores interpretando las expresiones faciales que los niños, es decir, las emociones. En uno de ellos, llevado a cabo en el Reino Unido, se vio que las niñas son más proclives a ver caritas en la TV o en el celular que los niños, y que, además, son más

---

[3] Ayudante familiar.

empáticas con la mamá: la abrazan si está llorando o la procuran más que los hombres.

Hay otros estudios que apuntan que, desde bebés, los niños son más hábiles para entender y moverse en el espacio, y tienen mayor capacidad que las niñas para calcular tamaños, volúmenes, distancias y relaciones espaciales entre objetos, quizá por ello crecen siendo más aficionados a los juegos, a las dinámicas de contacto, a los rompecabezas y a los deportes, que las mujeres.

Por último, aunque no menos importante, algo que casi todos sabemos: que los bebés hombres son más agresivos que las niñas, desde antes de los dos años. Los científicos apuntan a que la testosterona es un factor importante y, por ello, en general, son más proclives, a empujarse o a desesperarse y cuando son más grandes a tener peleas físicas o a agarrarse a golpes, mientras que las niñas son más dadas a morder y pellizcar que los niños y, cuando son más grandes, a agredir verbalmente.

Como podemos ver, desde que somos bebés, somos diferentes pero, conforme pasa el tiempo, la cosa se pone «piiior».

2

NIÑOS O
¡NENA EL ÚLTIMO!

Conforme vamos creciendo, los niños y las niñas nos vamos diferenciando cada vez más: a 40 años de la liberación femenina y de la lucha por la igualdad, los niños siguen siendo educados de una manera distinta a las niñas, y reaccionan diferente de forma natural.

☞ *Lagrimitas Lilí*

A los niños se les pide no llorar, no hacer aspavientos y no jugar con cosas que sean de niñas para no parecer «maricones». Así, un niño tendrá siempre prohibido jugar con muñecas, obviamente le será prohibido jugar a la comidita y más aún —porque entonces sí ya es «maricón» y punto— pintarse o maquillarse. De hecho, lo peor que se le puede decir a un niño es: «niña», «nena», «mariquita» o cosas por el estilo. Esto es un modo muy común de insultar a los hombres, con adjetivos de mujeres o feminizantes, ya que, evidentemente, a éstas se les considera el sexo débil, y por lo tanto estos adjetivos son peyorativos y minimizantes.

A mi primo le decíamos Lagrimitas, que era el nombre de una muñeca que estaba de moda en mi tierna infancia y tenía un jingle que decía: «Llora, llora, y mueve sus manitas, sólo se contenta llevándola a pasear, a comer, a bañarse, a dormir... es Lagrimita». Y a él se lo cantábamos: «Llora, llora y hace sus corajes...» y se ponía más que furioso. Recordemos lo que le dijo Aixa a su hijo, el último sultán árabe, Boabdil de Granada, cuando lloraba la pérdida del último reducto en manos de los Reyes Católicos tras siete siglos de dominación, en 1492: «No llores como mujer lo que no supiste defender como hombre».

Las niñas, por su parte, serán mal vistas si son muy «hombrunas» o «marimachas», si juegan cosas muy aguerridas o si se pelean a golpes. Las madres exclamarán prestas: «¡Juegos de manos son de villanos!», «¡Un día tu hermano te va a dar un mal golpe!», o bien: «¡Ten cuidado, no juegues como los hombres porque luego no te aguantas», y así, porque de ellas se espera que jueguen con muñecas —horror no hay nada más ominoso que una muñeca, para mí—, que jueguen a la casita, a la comidita, que dibujen o, en el peor de los casos, que sean princesas.

☞ Roles de niños y niñas

Las niñas y los niños, en general, adoptarán roles distintos desde la infancia y aprenderán diferentes formas de comunicarse.

Por ejemplo, en las escuelas mixtas se ha visto que los niños tienen unos patrones distintos. Maltz y Borker, en su estudio de 1982,[4] aseveran que desde el preescolar los niños tienden a:

- Jugar en grupos grandes y a estar estructurados jerárquicamente. Es decir, si juegan futbol, siempre lo hacen de la misma manera y se organizan para tal: el portero, el medio, el delantero, el de la banca. Si juegan beisbol, verán quién batea mejor y a quién escogen de pitcher, etcétera.
- Por lo tanto, tienen siempre un líder: el más *chipocles*, el más guapote, el *crack* del fut, el más *mafioso*, el que tiene más lana o el que bulea más a los demás. Así se forman grupos de resistencia, que suelen tener enfrentamientos cara a cara: un grupo bulea a otro, le pega, lo maltrata, lo hace sufrir; el otro resiste hasta que ya no puede más y contraataca.
- Por eso mismo se negocia el estatus con bromas de quién es el más fuerte, el más aventado, el más chingón, y así ganar otra vez el lugar preponderante; para lograrlo se

---

4 «A cultural approach to male-female miscommunication», en *Language and Social Identity*, editado por John J. Gumperz, Nueva York: Cambridge University Press, 1982.

ponen retos: pelean a puños, a golpes, a palabrotas y el que gana, gana. Y «¡puto o nena el último!»

- En todos sus juegos siempre hay un ganador y un perdedor, ya que, en general, los niños son muy competitivos y nunca dejan de serlo. Los hombres tienden a compararse en habilidades más que las mujeres, además siempre tendrán en la vista, y dentro de su universo, el juego; no en balde son fans de los deportes.

- Reconocen y resaltan habilidades, tamaños, cualidades y más. Si estás alto, si eres fuerte, si tienes habilidades en el deporte, si le gustas a las niñas, si la tienes más grande, en fin. «Migue, es altísimo» o «Juanqui es bueno pa' los golpes, má».

Por su parte, las niñas tienen otro tipo de dinámicas. Me acuerdo que mi sobrino cuando iba en el preescolar le dijo a su mamá: «Mami, las niñas me caen mal porque son chismosas, mentirosas, lloronas, metiches, ruidosas y hablan mucho.» O sea, lo tenía más o menos claro, porque los estudios apuntan que las niñas:

- Tienden a jugar en pequeños grupos o parejas: la bolita de fulana, la bolita de perengana, el grupito de las guapas, el grupito de las aplicadas, entre otras.

- Uno de sus pasatiempos favoritos es chismear, es decir, hablar de lo que hacen los otros o las otras: «Se me hace que Natalia y Santi son novios», «¿Viste que a la miss se le transparentaba el calzón?».

- El centro de su vida social es otra niña, generalmente su mejor amiga, y con ella hacen esas dinámicas de complicidad; se pelean o se contentan, según el caso; hay celos y rivalidades si se lleva con otras que no sean ella. La típica de «córtalas, córtalas para siempre, ya no vuelvo a ser tu amiga...», y luego «chócalas, otra vez».

- La cercanía y la intimidad son clave dentro de sus grupos: que le cuentes todo a tu amiga, que sepa qué piensas, que sepa quién te gusta, con quién andas, entre otras cosas. «¿Por qué no me dijiste que te gusta Arturo?», «¡Qué mala onda que no me invitaron a la fiesta de Valeria y a ti sí! ¿No vas a ir, verdad?».

- No diferencian tanto por estatus, habilidades o características físicas, como en el caso de los hombres, sino por la belleza y la popularidad. La que es más lista, la más simpática, la que se lleva bien con la Miss; la que tiene lo último en gadgets, o de ropa. En mi infancia era la que traía cosas de Estados Unidos: la que coleccionaba los álbumes de Hello Kitty, o tenía plumas de moda o a la que le compraban más estampas.

- En sus actividades no hay ganadoras ni perdedoras, más bien se realizan en grupo, toman turnos y son más dadas a respetarlos; en los mismos deportes que suelen jugar, como el voleibol, el resorte o los juegos de mesa, se pelean menos por ganar y lo que disfrutan más es la interacción en sí, ya que son menos desesperadas al esperar su turno.

- Son más metiches. Las niñas se meten en todo, son muy curiosas, más observadoras; se fijan en lo que trae éste o aquél, o ésta o aquélla y en lo que hacen: «¿Ya viste qué corta trae la falda del uniforme Paty Padilla?», «¡No manches, los barros que le salieron a Pablo!». También están más al día en todo lo que pasa en el mundo que las rodea, de lo que hacen sus ídolos, sus artistas favoritos, los que ven en el cine o en YouTube, o en Facebook.

- Aunque no se enfocan tanto en el estatus, cuando quieren gustar y agradar sí se preocupan de las marcas y de las cosas que les haga aparentar mayor posición social.

—¿Ya viste que Ximena trae colores nuevos y son Prismacolor?
—Típico, Isabella usa todo de Abercrombie.
—¡Ay, ps, qué horror que uses siempre Abercrombie!

- Las niñas son más delicadas que los niños en las interacciones sociales, saludan más a los mayores, están más presentes en las conversaciones de adultos y les interesan más: «Mi mamá ayer le dijo a mi tía Marta que ya no iba a volver con mi papá, que ya le va a pedir el divorcio», «La miss de español no platica con la de inglés, porque se caen mal».

- Son más *traicioneras* que los hombres, es decir, son mucho más dadas a acusar que los niños. Son acusadoras con las maestras: «Miss, fulana está copiando», o «Miss, perengana se portó mal», y también más dadas a acusarse entre ellas, entre su grupo de amigas: «Má, Camila me quitó mi pluma y la rompió, y además se rio».

☞ *Juntos y revueltos*

Así, y de acuerdo con otros estudios —como el de la antropóloga Marjorie Harness Goodwin en cuanto a rutinas verbales de los preadolescentes— resulta que, si juntamos niños y niñas, las dinámicas son distintas. Por ejemplo, cuando juegan juntos, los niños tratan de suavizar su competitividad, pero de algún modo siempre queda implícita; las niñas tratan de constreñir a los niños a sus propias ideas. Como ya dijimos en reuniones de niños se pueden oír golpes y peleas, pero es muy raro que uno de ellos baje a acusar a otro, mientras que en las de niñas esto ocurre todo el tiempo.

Además, las niñas suelen jugar a ser grandes y a ser mamás y muchas veces aplican esas órdenes a los niños. A este respecto, hay una anécdota muy buena: el hijo de un amigo mío estaba organizando con su madre su fiesta de cinco años, y le dijo enfáticamente:

—No quiero que vengan niñas.

Su madre, muy conciliadora, lo convenció de que eso no era lo correcto diciéndole:

—Mi vida, no podemos hacer eso, acuérdate que tenemos que invitar a todos los del salón, porque ellos también lo han hecho. Muchas niñas te han invitado a su fiesta y sería muy grosero de nuestra parte no hacerlo también, acuérdate de la fiesta de Sofí...

El hecho es que llegó el día de la fiesta, a la que asistieron, obviamente, niños y niñas y en el momento de partir la piñata, una de las niñas empezó a gritar:

—¿Por qué no nos forman?, ¿quién va primero? ¡Le toca antes a Diego que a Mateo!, ¡no se vale!

Y fue entonces cuando el festejado volteó con su mamá, levantando los ojos y le dijo.

—¿Ves, má?

3

PAPÁS Y MAMÁS O «MIS ENANOS SON MARAVILLOSOS»

—Má, ¿me das permiso?

—No sé, pregúntale a tu papá.

—Pá, ¿me das permiso?

—Pregúntale a tu mamá.

Está demostrado que cuando una pareja se separa y va a los juzgados, 90% de las custodias se concede a las madres, independientemente de que el padre haya estado implicado en la labor de cambiar los pañales a su hijo o llevarle al pediatra; es decir, de su cuidado y educación. Hay una creencia mayoritaria de que los hijos deben estar con las madres porque ellas los atienden mejor. Pero ¿cuáles son las principales diferencias entre el padre y la madre ante los hijos?

El padre y la madre se acercan a los hijos de manera distinta por su propia educación, cultura y por propia naturaleza, como lo hemos visto anteriormente. La mujer es la que, en general, se encarga de controlar el espacio vital de su hijito: su comida, sus amistades, que no le falte nada cuando va la escuela. «¡Mi'jita, se te olvidó tomarte tu licuado!», gritaba mi mamá saliendo hasta el camión de la escuela para darme esa mezcla nauseabunda de huevo, leche y plátano, que luego repetía hasta la hora del recreo.

Las mamás tienden a una actitud sustitutiva. Es decir, cuando a un hijo se le cae un tenedor, la mamá se lo recoge, pero el papá no, le pide que haga un esfuerzo y lo recoja él. Cuando un niño va a llegar tarde a la escuela, la mamá le abrocha los botones del suéter y le ayuda a ponerse los tenis, aunque el niño tenga diez años. El papá, en cambio, le dice: «Ven, apúrate, abróchate las agujetas». El hombre, en definitiva, trata de darle al niño más autonomía y libertad.

El papá juega su papel de separador, es quien permite al niño diferenciarse de la mamá y tener su propio espacio, porque las mujeres por naturaleza son más protectoras, mientras los hombres son más respetuosos de la libertad y se encargan de cortar el cordón umbilical con la mamá, lo que es muy bueno para el niño: «No seas llorón», «No le grites a tu mamá», «Pon atención», «No toques eso».

Vigotski señala que el desarrollo del pensamiento del niño está determinado por el lenguaje, es decir, por las herramientas lingüísticas del pensamiento y por las experiencias de diálogo que tiene tanto con la mamá como con el papá. Y en este sentido, las mamás son más dadas a hablar a los niños como bebés, a «chiquearlos» y «apapacharlos»: «¿Quién é mi bebé?, ¿ontá bebé?, ¡aitá bebé!»; pero más tarde, es también la madre la que construye un discurso a partir de los primeros vocablos del niño, es decir, la que va entretejiendo oraciones para formar la gramática del niño:

—Aba

—¿Agua?, ¿quieres agua?

—Ti

—¿Sí? Tu vasito con tapa tiene agua y está en tu cuna. Corre por él.

Cuando un niño, refiriéndose a un objeto, dice «cosa» y la mamá le responde con el nombre de la cosa, el *feedback* que le proporciona es semántico, le está ayudando a entender el significante de lo que dice; o bien cuando dice «aba» y ella le contesta «agua», le está dando una corrección fonológica para que el niño pronuncie mejor. Asimismo, cuando forma toda una oración: «¿Lete? ¿quieres leche? Ahorita te doy», a partir de la interacción está construyendo la gramática del niño. Por su parte, el papá es mucho menos dado a hablarle como bebecito al niño. De acuerdo con el estudio de Rebelsky y Hanks de 1991, los papás corrigen menos que las madres pero son los que más responden a las preguntas de los niños. Ellos les explican más el mundo que les rodea desde los tres años hasta que son adultos.

De aquí nace el famoso chiste de gallegos, el cual cuenta que un padre va con su hijito en la calle, ve pasar a una mujer y dice:

—¡Qué culo!

—¿Qué has dicho, padre?

—Que ¡qué búho!

—Y ¿qué es un búho?

—Un animal nocturno que tiene plumas, pico curváceo y ojos grandes.

—Y ¿los búhos tienen hijitos?

—Sí

—Y ¿cómo se llaman?

—Buhítos

—Y ¿los buhítos tienen hijitos?

—Sí

—Y ¿cómo se llaman?

—Buhititos

—Y ¿los buhititos tienen hijitos?

—Sí

—Y ¿cómo se llaman?

—Buhitititos

—Y ¿los buhitititos tienen hijitos?

—¡He dicho culoooo, coño, he dicho culooooo!

Esto, de alguna manera, en broma, habla sobre el tipo de diálogos que puede tener un padre con su hijo y, en general, de su voluntad para resolver sus dudas y darle información.

Así, mientras la madre se preocupa por temas más emocionales e íntimos: que esté contento, que coma bien, que duerma, que esté bien vestido, el padre se preocupará por cosas mundanas, más del mundo actual: comenzar a hablarles de su lugar en el mundo y en la vida, y por ende de política, de religión, de actualidad, de cultura general y —obvio— de deportes.

El punto crucial aquí radica en que el padre pasa mucho menos tiempo con los hijos que la madre, ya que aún hoy día, en México y en el mundo entero, hay muchas mamás que suelen renunciar a trabajar, o trabajan de medio tiempo, por estar con los niños; hay, muchas veces, una convicción de que ellas son las encargadas de los hijos, y que sus maridos «no los cuidan bien». Sin embargo, los hombres, naturalmente, son totalmente capaces de hacerlo; la cuestión es que no lo hacen como ellas quieren sino desde su enfoque masculino, con su propio estilo paternal.

Los estudios señalan que el papá da más libertad que la mamá para que el hijo se identifique como ser independiente y autónomo: «Recoge tus cosas», «Ayúdale a tu mamá a levantar la mesa»; porque las mamás, muchas veces, tratan de hacer todo por ellos. Por otra parte, el papá tiende a una relación más de dilación, no da al hijo inmediatamente lo que necesita.

—Papi, me muero de sed.
—Aguántate hasta que lleguemos a la casa.

O

—Pa, me duele la cabeza.
—Ahorita se te pasa.

Por otro lado, la primera vez que los hijos hacen algo nuevo suele ser a instancias del padre. Aprender a andar en bici, a jugar futbol, a patinar, a jugar bolos, a jugar billar... son cosas más del papá que de la mamá, con frases como: «échale ganas, síguele, no llores, tú puedes» etcétera.

Hay algunos valores que tradicionalmente ha aportado el padre: la autoridad, la disciplina, la imposición de una jerarquía familiar, y muchas veces es el que da los permisos, el que establece el tipo de escuelas, o el que propone qué tipo de actividades son permitidas o no. Si la mamá es la intimidad, el papá es lo público.

Es cierto que antes había un modelo machista en donde el hombre a menudo sólo controlaba lo económico y los resultados académicos, pero a últimos tiempos los padres tratan de establecer lazos más íntimos con los niños, desde cambiarles el pañal —algo que antes sólo hacían las mujeres— hasta darles el biberón, o hacerles de comer. Sin embargo, en muchos casos, es típico que la mamá aquí «mete su cuchara» con cosas como: «No, así no, dáselo más despacio. No lo hagas llorar. Espérate tantito», y demás observaciones. Hay matrimonios en que la mujer exige al padre que se comporte como una «madre bis». A pesar de ello, padres que lo hacen solos no lo hacen mal, pero a su manera, porque, volvemos a lo mismo, mujeres y hombres son diferentes, y aunque haya mayor implicación emocional del padre, ésta será diferente a la de las mujeres; quizás pondrán apodos, se burlarán o jugarán *peleítas* con los hijos, cosas que las mamás hacen menos, pero lo harán.

Versiones diferentes, objetivos iguales.

ADOLESCENTES O ¡MIS PAPÁS NO ENTIENDEN NI MADRE!

Es en la adolescencia donde se dan las primeras, verdaderas y crudas interacciones entre mujeres y hombres. Y cuando las hormonas empiezan a hacer de las suyas, ya que los preciosos críos, tan lindos y redonditos que éramos, nos empezamos a llenar de pelos y de barros, olemos feo y contestamos de mala manera a los adultos, porque todo lo que venga de ellos, cae mal.

No importa cómo empiece la conversación con mi hijo de 14 años —dice Victoria—, no importa de qué estemos hablando o cuál sea el tema, mi siguiente intervención es: «No me contestes así».

Si algo distingue al lenguaje de hombres adolescentes, sobre todo, es: la hueva. Les da hueva la gente, el mundo que los rodea y hablar. Son absolutamente monosilábicos, especialmente cuando deben interactuar con adultos: con la Miss, con los tíos o con los papás: «sí», «no», «equis», «hueva», «ni al caso», «ajá», «no sé», «ahorita», «pérame», «al rato»... y en expresiones más suprasegmentales como el acento,[5] la entonación pausada, los silencios, las interjecciones de molestia: «asssh», «pfff», «cero» y el volteadito de ojos en blanco, tan típico 🙄.

Las mujeres adolescentes tampoco hablan mucho, pero empiezan a tener las mayores confidencias con sus amigas, a ser más independientes y curiosas, y menos comunicativas con los mayores; mientras que los hombres comienzan a echar pullas, carrilla, bromas y albures con sus amigos, dos patrones que perdurarán hasta que mueran.

Si en una fiesta las mujeres van juntas al baño y se reúnen en bolita, es pa' chismear si el guapo del salón vino o no, si la más popular está más gorda, o si el pobre gordito baila chistoso. Los hombres, por su parte, se la pasan «viendo chichis», por decir lo menos.

---

5 Suprasegmentales: son características prosódicas del habla que afectan a un segmento más largo que el fonema, tales como el acento, la entonación, el ritmo, la duración y otros.

Las características de su lenguaje oscilan entre la complicación y lo vulgar; en su ansia por separarse de los adultos buscan ser originales y sienten predilección por todo: palabritas y palabrejas únicas, diferentes. Yo me acuerdo que en mi adolescencia usábamos términos muy moderrrnos —así, pronunciado como en inglés—: «estás chavo», «mi buen», «dostres», «dosdos», «algo», «igual», «llégale»; éstas obviamente ya no se usan, porque esas expresiones van cambiando de generación en generación.

A lo largo de muchas generaciones, los adolescentes han manejado su propio idioma. Por ejemplo: en los años cincuenta con la generación *Beat*, todo era llamado *cool*. A principios de la década de los sesenta, en el idioma de los hippies se convirtió en *groovy*. Los *boomers* en los años setenta tenían las típicas de «agarra tu patín y elévate», «qué onda johi», «te clavas en la textura», etcétera. La generación grunge tuvimos las nuestras como: «qué pex», «va», *nice*, *artsy*, «chido», entre otras. Actualmente, los adolescentes usan palabras clave como «intensear», «topas», «jalo», «jalo machín», «legal», «perrón»; entre varias más, además de las que se encuentran en la web, como: «forwardear», «sherear», «troll» o «bots».

En cuanto al lenguaje escrito, en las redes sociales suele haber un código propio —del cual no hablaremos a fondo en esta ocasión—[6] que acorta las palabras y usa acrónimos como: LOL, OMG, WTF, BBQ. Lo utilizan tanto hombres como mujeres y expone una conciencia de diferenciación como grupo social, una conciencia de pertenencia que se refleja en su modo de vestir, la actitud de rebeldía y *show off*[7] en su forma de hablar, en su lenguaje.

En un estudio realizado por el lingüista Luis Alarcón, de la Universidad Católica Argentina, demostró que los adolescentes, tanto hombres como mujeres, utilizan su vocabulario de acuerdo al contexto en el cual se encuentran. En ese sentido todo fluye y cambia a la velocidad del rayo. La palabra de moda hoy, mañana

---

[6] Ya hablaré en otro libro de esto.
[7] «Hacer alarde de, resaltar».

cae en desuso, decirla demuestra que ya no «estás en onda», «¿sí topas, no?».[8]

A veces, las palabras provienen de expresiones de los medios, antes de la TV, ahora de los *youtubers*, que en general también son adolescentes. Otras se popularizan sin saber por qué. En México, el uso de la palabra «verga», por ejemplo, se ha vuelto una constante y no sólo en los hombres, también en las niñas. Una palabra que en otras generaciones era un tabú, de lo más altisonante y prohibida pero que hoy es parte del habla cotidiana de niños y niñas: «¡A la verga!», «¿qué vergas?», «¡vale verga!», o simplemente «veeeeerga»; esto es muy patente porque se han homogeneizado los sexos como nunca antes. Otra palabreja es el uso de «pinches» como adjetivo, que también usan tanto niñas como niños: «no pinchesmames», «no pinchescomas así», «pinchesjodes todo el tiempo».

👉 *Interacción entre mujeres y hombres*

En general, ambos sexos en la pubertad y en la adolescencia usan pocos términos; emplean mucho los tics, las muletillas, las frases coloquiales, superficiales y reiterativas, aptas para comunicarse con los amigos, ya que comprenden el código.

> Niñas: «ps sí», «llégale», «pfff», «¿cuál? », «ufff», «yaaaaaa», «gooooey».
> Niños: «vergas», «no mames», «llégale», «jaló machín», «güey».

Las mujeres a esta edad piensan que los hombres de su misma edad son tontos, tarados y no las entienden. Es por ello que en muchos casos empiezan a salir con chavos más grandes que ellas, mientras que los chavos adolescentes se interesan por

---

[8] Si entiendes, ¿no?

las niñas de su misma edad. Así, las mujeres empiezan a usar términos más de adultos antes que los hombres.

Él : ¿Qué onda, Pats?
Ella: ¿Qué onda de qué?
Él: ¿Qué vas a hacer?
Ella: Contigo, nada. Escuincle baboso.

La discusión de la amistad de los chavos es corta, se hacen bromas y punto, y el tema no vuelve a salir nunca, sólo en momentos de borrachera o algo por el estilo, porque siempre hay borrachos cariñosos y amistosos. Por su parte, las chavas tienen siempre amigas y confidentes a las que les cuentan todo, con las que también hablan acerca de su amistad de forma larga y tendida. De hecho, en recientes estudios realizados en varias escuelas particulares de México, se ha visto que las adolescentes consideran una «traición» que su mejor amiga, o sus mejores amigas, no les cuenten tooodo: acerca de una relación, de un novio, de un rompimiento, de sus papás, de si «les bajó o no», etcétera.

—¿Cortaste con Diego, wei?
—Ps sí.
—¿Cuándo?
—La semana pasada.
—Y ¿por qué no me habías contado?, ¿qué pedo? ¿Ya no somos amigas o qué?
—No, claro, es que sí te iba a contar, pero...

Por su parte, los hombres van a temas más generales:

—¿Ya no andas con esa vieja, wei?
—No, wei, pa' nada.
—Qué bueno, la neta ni aflojaba y siempre te la hacía de pedo.
—Ps sí... vamos a echarnos otro partido de FIFA.

El asunto de la camaradería también suele cambiar de acuerdo al sexo, sobre todo cuando las interacciones son mixtas:

> Ella: ¿Ya no andas con Gaby?
> Él: No.
> Ella: Y ¿por qué no me habías dicho, wei?
> Él: Ps porque no, ¿qué te importa, wei?, ni es tu amiga.
> Ella: Pero tú y yo sí somos amigos.
> Él: Y eso ¿qué?

Tendencias opuestas que se van a conservar toda la vida, y que van a ser cruciales en el juego del ligue, las citas y el flirteo, donde la cosa se pone más tenebrosa.

5

FIRST STEPS IN DATING
O MARIPOSAS
EN EL ESTÓMAGO

Ahora sí, ya se viene lo verdaderamente peliagudo. Ya que la felicidad de la niñez y de algunos años de la adolescencia empiezan a valer madre cuando tenemos que empezar a liar y a ligar con el sexo opuesto. Todos esos felices años en los que nuestras interacciones con mujeres u hombres eran sólo con nuestros padres y hermanos o hermanas o con alguna prima o amiga terminan aquí, ya que pasamos de la cómoda y confortable *friendzone* o zona segura, a la zona de guerra o *warzone*.

En este momento es cuando hace sentido el famoso diálogo final de *Annie Hall* —*Dos extraños amantes*, (1977)— de Woody Allen:

> Un tipo va al psiquiatra y le dice:
> —Doc, mi hermano está loco, se cree gallina.
> Y el doctor le responde:
> —Bueno y ¿por qué no lo trae al hospital?
> Y el tipo contesta:
> —Pues podría, pero es que necesitamos los huevos.

Esto es un poco lo que siento acerca de las relaciones humanas: son totalmente irracionales, demenciales y absurdas, pero creo que seguimos emparejándonos porque «necesitamos los huevos».

Y sí, vaya que los necesitamos; necesitamos el sexo, la compañía, el *bonding* y la estructura.[9] Es por ello que vamos a citas, ligamos, salimos y nos debatimos entre llamarle o no, y luego cuando nos dejan, nos empedamos y sufrimos. Hay de todo, pero quizá, a grandes rasgos, las mujeres se van siempre por lo complicado en este aspecto y se imaginan lo peor. Los hombres, en cambio, son más sencillos. Es cuestión de hormonas.

---

[9] El vínculo.

☞ *Son las hormonas*

El Dr. Ron Eager, de la Universidad de Colorado, dice: «Todo tiene que ver con cuestiones sexuales, en la adolescencia las hormonas empiezan a burbujear, si vemos a dos adolescentes tomados de la mano, infatuados y entre nubes, lo único que podemos pensar es que la testosterona y el estrógeno salieron a pasear». Pero como es cuestión de estrógeno y testosterona, entonces las diferencias se hacen patentes, porque con los estrógenos nos da por llorar y sentirnos tristes y *needy*,[10] y solemos estar de «mírame y no me toques»; mientras que a la testosterona le da por dormir, comer, beber, eructar y, muchas veces, pelear.

Veamos:

> Ella: Hola.
> Él: Hola, ¿qué pex?
> Ella: Nada, ¿estás de malas?
> Él: Pa' nada, ¿y tú?
> Ella: No, pero seguro tú sí, ya dime.
> Él: No estoy enojado, neta.
> Ella: Pues parece, gooey.
> Él: ¿Por qué parece?
> Ella: Ay, no sé, estás rarísimo.
> Él: Mira, no estoy enojado, pero si eso crees mejor luego hablamos.
> Ella: Sí, mejor.
> Él: Ok, bye.
> Ella: Oye, pero es que yo...
> Él: Qué...
> Ella: Nada, olvídalo.

Después de este diálogo la mujer se queda llorando, pensando que el hombre es un maldito idiota y que ella es una víctima. El

---

[10] Necesitado.

hombre se pone a jugar algo, convencido que la mujer es una histérica o que de todo la hace de pedo. Ninguno de los dos queda conforme. Sin embargo, alguno insistirá en un corto plazo y se dará el segundo intercambio, un tercero y un cuarto, que quizás pueda acabar en una relación que tenga los mismos altibajos con los que empezó. Ya lo dice Nacho Cano de Mecano:

> *Pero la fuerza del destino*
> *nos hizo repetir,*
> *dos cines y un par de conciertos*
> *y empezamos a salir.*
>
> *Y desde entonces hasta ahora*
> *el juego del amor*
> *nos tuvo tres años jugando,*
> *luego nos separó.*
>
> *Pero la fuerza del destino*
> *nos hizo repetir,*
> *que si el invierno viene frío*
> *quiero estar junto de ti.*

Actualmente, las citas y el ligue se dan de manera más horizontal que en otros tiempos. Antes era siempre el hombre quien debía buscar a la mujer y «conquistarla» o «hacerle el amor», como se decía entonces. De ahí la palabra pretendiente, que era «el que pretendía el amor» de alguien, y si no el amor, por lo menos sus nalguitas. Pero la mujer no podía o, sobre todo, no debía dar nunca el primer paso. De hecho, en las fiestas tenía que esperar a que el hombre la sacara a bailar y luego que él la llamara, o después que «se le declarara»; es decir, ella era «la pasiva» —en todos los sentidos— y nomás tenía que dar el sí o el no.

Hoy en día ya no hay pretendientes como ésos, hay simplemente *dates, o friends with benefits*, «amigos con derechos»; y es más común que las mujeres puedan pedir, llamar o requerir, sin que sea mal visto o tan mal visto. Conozco en México a algunas personitas, algunas ciudades o algunos medios, donde aún está estigmatizado y todavía se conservan patrones de antaño. Pero, en general, ahora la cosa es más pareja.

Ahora bien, volviendo a las hormonas, ellos buscan, ellas se hacen del rogar, ellos buscan, ellas «intensean», ellos se alejan, ellas lloran, ellos ignoran, ellas se quejan... historia sin fin.

De acuerdo con un estudio de 2015 publicado en la revista *Glamour* del Reino Unido —que se dedica a hacer encuestas con miles de usuarios de las redes y lectores—, después de una primera cita, los hombres toman en cuenta lo siguiente:

- Si está guapa o buena. Se fijan en el cuerpo —en las bubis y en las nalgas, para ser más claros—, en la figura, en la cara; en fin, si es atractiva o no, si les gusta o no.
- Si se «produjo» en exceso. Si se excede con el maquillaje o la vestimenta, el peinado o hasta las cirugías, porque en general no les gusta tanta producción.
- Si hubo química. Esto es fundamental para las relaciones. Ellos analizan siempre si hubo una conexión con su cita, si se rieron, si se conectaron, si les gustó su olor, en fin.
- Si habló mucho y si habló de ciertos temas. Si habló como tarabilla y no lo dejó hablar a él, si le preguntó cosas, si se interesó por él o sólo habló de ella, si es metiche, si es chismosa, y gran variedad de características conversacionales. Y dependiendo cómo sea él, le agradará o no, o se sentirá abrumado.
- Si come mucho. Sobre todo, por aquello del presupuesto, si va a pagar él, pero también por si va a engordar o no. Porque aunque usted no lo crea, les importa —y mucho— y hoy más que nunca que la mujer no sea gorda o pueda serlo.
- Si tuvo ganas de irse. Es decir, si estuvo viendo el teléfono o pendiente de la hora en el reloj, o nerviosa, o tronando los dedos, ya que todo esto significa falta de interés.

- Si quedó demasiado entusiasmada. Las mujeres son muy expresivas, y ellos notan si han quedado entusiasmadas o demasiado emocionadas. Y si ven mucho frenesí pues como que se alejan por aquello del compromiso: «Ésta me va a querer atrapar, seguro trae el traje de novia en el coche».

- Si hubo beso, qué tal fue. El primer beso es importantísimo, es la clave de muchas cosas: de la compatibilidad o de la química, por ejemplo. Desmond Morris, el zoólogo, dice en su libro *El mono desnudo*, que el beso es la primera expresión humana, algo que diferencia al *Homo sapiens* —o mono desnudo— del resto de los homínidos. El beso como compenetración, como búsqueda de similitud, de simetría, entre otras cosas.

- Si pasó o no pasó. Y aquí es donde el machismo hace también de las suyas, porque como decía Sor Juana, a los hombres necios que acusan a la mujer «si no os admite, es ingrata, y si os admite, es liviana» y pues, sí, si hubo un encuentro íntimo, o si no lo hubo, es un aspecto que ellos analizan después de la primera cita; en caso de haber existido la primera vez, analizan qué tal estuvo, qué tan bueno fue, qué tan rápido cedió ella, ¿lo hará tan rápido con todos?

Por su parte, después de la primera cita, las mujeres analizan cosas similares, pero no exactamente iguales:

- Primero, si es guapo, atractivo y si es cuidadoso con su imagen, es decir, si tiene las uñas bien cortitas o si tiene mal aliento y, obvio, también si hubo química, si les gusta, aunque no sea Ryan Gosling.

- Si estuvo pendiente del celular. Claro que —así como a ellos— a las mujeres les molesta que una persona esté todo el tiempo con el celular, ¡y en una primera cita! Deja la sensación de que tenemos cosas más importantes que conocer a esa persona con la que sales por primera vez, y nos hace pensar que tal vez no se la está pasando bien.

- Si habló mucho y si habló de ciertos temas. Si habló como loco y no la dejo hablar, si le preguntó cosas, si se interesó por ella o sólo habló de él.

- Si tuvo malos modales. Los hombres se dan a notar por sus modales. Como ya lo dije: «*You can take the man out of the cave, but you can´t take the cave out of the man*». Si comió con la boca abierta, o se empujó 40 alitas, o si uso un palillo —¡guácatelas!— o peor, si se bebió la cerveza de un solo trago y luego eructó —ahhhhggg.

- Si tuvo ganas de irse. Lo mismo que en el caso de los hombres, si estuvo impaciente, o viendo la hora, o los chats; a las mujeres nos deja con la sensación de que la cita valió madre.

- Si hubo beso, ¿qué tal fue? Si estuvo rico, si tenía habilidades, si sabía lo que hacía, si no es muy atascado —de esos que meten la lenguota y babean—, etcétera.

Después de una cita, lo primero que hará una mujer es quizás meterse en el Facebook o el Twitter del individuo y ver qué tal es, si todo lo que le dijo es verdad: si sale con otras chavas en fotos, cómo son las fotos, en fin. Mientras que el hombre será más cauteloso y quizás se atreva a buscar o escribirle, si es que le gustó.

Si no le gustó, por más mensajes que reciba de ella, le dará vueltas y no volverá a buscarla. Aplicará lo que se conoce como el *ghosting* o desaparición espontánea; es decir, un desvanecimiento repentino, sin causa aparente. Parecido al «houdinazo», que ocurre cuando ya llevas salidas, y del que hablaremos más adelante.[11]

---

[11] Véase capítulo 9.

Te amo, estoy enamorado de ti.

12:37 ✔✔

6

WHATSAPP Y OTROS MALES DE NUESTRO TIEMPO O PINCHES PALOMITAS AZULES

No cabe duda que hoy en día la mayoría de las interacciones entre hombres y mujeres se hacen a través de chats, de conversaciones escritas en los diversos medios, desde el WhatsApp hasta los mensajes directos de Twitter, pasando por Messenger, Facebook y lo que se acumule esta semana. Lo que quiero decir es que la mayor parte de nuestras interacciones, actualmente, se dan mediante el lenguaje escrito. ¿Qué quiere decir esto? Que nunca antes se había leído y escrito tanto; pero ¿cómo se escribe? Y ¿cómo se lee?, ¿se entiende lo que se lee? o ¿hacemos como que entendemos? Bueno, empecemos con esta joyita tomada de una conversación real entre dos personas, mujer de 23 años y hombre de 24 años:

> Dormí una hora nada más.
> Me quedé estudiando…
>
> 07:47

> Perdón, te escribí porque te vi conectado.
> Perdóname, después hablamos.
>
> 07:53

> ¡Qué malo eres!
>
> 09:33

> Si te molesto, dime y listo.
> No quiero inquietarte, ni ser intensa.
> Discúlpame.
>
> 10:34

> Oye, cuando me mandaste el primero estaba durmiendo, ahora estoy muy ocupado, disculpa…
>
> 10:35

> Te mando un beso, éxito.
> Lo mejor es que no hablemos más, porque no tengo ganas de sentirme mal.
> Me pareció de lo más raro verte conectado, te hablé bien y nada.
> Ya fue, elimíname y punto.
> Basta de pendejadas.
>
> 10:35

Y ahora ¿qué te picó?
Tranquila.

10:45

Eres muy raro.
Un día estás bien y el otro me maltratas.
Pero fíjate que no voy a dejar que nadie me trate mal.
Estoy tranquila, pero no me voy a dejar.
Te pido disculpas, pensé que me querías.

10:48

No, nadie te está maltratando. No te alucines.
Sólo estoy ocupado, es eso.

10:51

Sale, adiós. Mejor nos bloqueamos.

10:53

¿Te parece?
Odio a los bipolares.

13:47

¡La bipolar eres tú! ¡Ve lo que pusiste!

13:49

Wey, te saludé muy bien.
¡Diciéndote que sólo dormí una hora por estudiar!
Acabo de salir de un extra de tres horas.

13:49

Ya estuvo, no quiero que me estés
chingando con tonterías, estoy ocupado
y no tengo ganas de darte explicaciones
sobre nada.

13:50

Nadie te las pidió, no te hagas el interesante.
Pensé que nos queríamos. No te entiendo,
no entiendo por qué tu mala onda.

13:50

¡¿Cuál mala onda, weeeey?!

13:51

Si te parezco tan intensa, no seas hipócrita; bloquéame y punto.
A mí no me vas a juzgar porque no me conoces.
Ni que estuvieras haciendo un curso en la NASA.
¡Eres una mierda!

13:52

Cálmate, estás loca.

13:52

A mí no me conoces, así que no me insultes.
Bloquéame, bloquéame.

13:52

Te voy a olvidar, bloquéame.

13:53

¡Bloquéame, weeeeeeeey!

13:54

Bloquéame, bloquéame, cabrón.

13:55

Bloquéame, bloquéame, bloquéame,

13:56

Bloquéame, bloquéame, bloquéame,

13:57

Este es sólo un ejemplo de lo intensas que se pueden poner las conversaciones por chat entre hombres y mujeres. Ningún científico —ya sea biólogo, neurólogo o lingüista— podrá saber si este tipo de malentendidos ocurren por la diferencia de hormonas —los estrógenos son especulativos, «pluriactivos» y mentalmente hiperactivos, mientras la testosterona es enfocada, distraída y abstraída. Por eso los dos sexos no se llevan tan bien —o se deben a diferencias cerebrales —la mujer tiene interconectados los dos hemisferios, lo cual provoca que sea buena para hablar y escribir, y pueda ser multitareas, no sólo en mails, también en chats, DM y WhatsApps; mientras que el hombre, al contrario, trabaja sólo con un hemisferio a la vez, de esta circunstancia derivan sus buenas habilidades motoras y para ubicarse en el espacio.

El cerebro masculino y femenino

Una nueva manera de mostrar la conectividad del cerebro —los mapas "connectome"— muestran grandes diferencias entre hombres y mujeres.

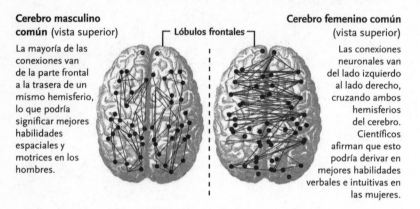

Cerebro masculino común (vista superior)

La mayoría de las conexiones van de la parte frontal a la trasera de un mismo hemisferio, lo que podría significar mejores habilidades espaciales y motrices en los hombres.

┌ **Lóbulos frontales** ┐

Cerebro femenino común (vista superior)

Las conexiones neuronales van del lado izquierdo al lado derecho, cruzando ambos hemisferios del cerebro. Científicos afirman que esto podría derivar en mejores habilidades verbales e intuitivas en las mujeres.

El neurólogo Charles M. Fisher afirma que estos dos tipos de pensamiento se construyeron durante la evolución del *Homo sapiens*, cuando cada uno de los sexos realizaba diferentes actividades. Las mujeres debían hacer muchas cosas a la vez: cuidar a los niños, limpiar el lugar, hacer la comida y recolectar; esto último es muy importante, pues con esta actividad ponían atención al suelo y veían muchas cosas al mismo tiempo. En cambio, los hombres se enfocaban en un solo objetivo: cazar a su presa. Es decir, tenían que centrarse exclusivamente en esta situación porque, si no, corrían el peligro de ser devorados, *ipso facto*.

El resultado es que hoy por hoy tenemos distintos tipos de atención: una hace que las mujeres nos desesperemos si no nos contestan un mensaje en friega, la otra provoca que los hombres no sepan ni de qué les estamos hablando.

Con lo anterior, me viene a la mente una anécdota de mi amiga Paula: viajaba en el coche con su marido y le iba diciendo por dónde irse, al mismo tiempo platicaban sobre diversos temas relacionados con sus hijos. De repente, y sin ella decírselo, él da una vuelta en falso y ella le pregunta:

—¿Por qué te das vuelta? Aquí no era.

—Es que, como me vienes platicando...

Algo que a las mujeres nos parece completamente absurdo y que, sin embargo, para ellos es normal, es decir: «Me vienes distrayendo» y «No puedo hacer dos cosas al mismo tiempo». Eso es una mentira porque, como dicen por ahí: «Las tetas de las mujeres son el ejemplo fehaciente de que los hombres sí pueden estar en dos cosas al mismo tiempo».

☞ *Curiosidad e intensidad*

Lo anterior, aunado a los condicionamientos sociales, resulta en que las mujeres «intenseen» más que los hombres. Y sí, porque yo tengo una amiga que cuando le marca al novio y él no contesta el celular —porque está con sus amigos, porque no puede, porque no lo oye, no sé— «se pone intensa» e «intensea» trescientas veces durante la noche, una y otra vez y pues él, obvio, menos contesta.

También es intensa otra amiga que, cuando bebe, suele entrarle ese mal contagioso y peligrosísimo llamado «pedofonía». Este término es un neologismo del habla mexicana derivado de la unión de pedo —palabra que en México designa tanto al «borracho» como a la «borrachera» misma— y del griego φωνή, *phōnéō*, ‹yo hablo›, es decir, la «manía de hablar por teléfono cuando estás borracho». Me cuenta que una vez, en un viaje de negocios, se fue a Monterrey y se «la conectó» con una botella de champán que le dejaron de cortesía en el hotel y al día siguiente, con una cruda loca, vio con horror que le había marcado al ex 17 veces —17 llamadas de las cuales 12 eran perdidas—; obviamente, lo de intensa aplica aquí y más que perfecto. Como nuestro ejemplo al inicio de este capítulo.

Por otro lado, las mujeres queremos saber más de nuestras parejas que los hombres. Ellos pueden distraerse en la chamba, en el futbol, en lo que sea; mientras que nosotras estamos más pendientes del teléfono padeciendo el *iktsuarpok*, un término de la lengua inuit que describe el «sentimiento de anticipación que te lleva a asomarte o salir del iglú para ver si alguien viene» —teniendo en cuenta lo solitarias que suelen ser las vidas de los pueblos esquimales en la taiga llena de nieve—; en el occidente de hoy, puede aplicarse al desasosiego que nos entra cuando no recibimos ese mensaje tan deseado por WhatsApp, SMS, DM, Messenger o lo que sea.

Con lo anterior pienso en esa necesidad de certeza que tenemos las mujeres; es decir, esa exigencia de seguridad que, de acuerdo con el antropólogo Marvin Harris, se debe a que el sexo femenino al llevar a la cría durante nueve meses en su panza y luego cuidarla y amamantarla, se ve imposibilitada para buscar su propio alimento; por esta circunstancia quiere «amarrar», «asegurar», o como se le llame, al hombre.

Conforme las mujeres ganamos nuevos terrenos, esa sensación de inseguridad disminuye poco a poco, pero son miles de años de historia los que nos condicionan.

☞ *Emoticones, cariñitos y cantidad de texto*

Las mujeres tenemos siempre a la mano ese instinto maternal a flor de piel y usamos más —no exclusivamente— las palabras cursis y lo que se conoce como *babytalk* o «habla infantilizada», la cual usamos para dirigirnos a los bebés, para intimar y también para acercarnos a nuestras parejas o amantes.

—Hola, bebecín, ¿cómo amaneciste?

—Bien, ¿y tú, guapa?

—Muy bien, ¿ya te vas a la chamba, mi amor?

—Sí, te hablo luego.

—Ay, pero mándame un besito, plis.

—Te mando mil.

—Dime que me amas, «beibi».

—Te amo.

—¿Mucho?

—Mucho.

—Ay, qué seco eres, yo te superamo, te mando mil besos, mil,

—💋💋💋💋💋💋— porque no soy como tú.

—*(cricricricri, sólo se oyen grillitos, como dice mi amiga Paula).*

En general, las mujeres son más expresivas y escriben más que los hombres, por eso usan más los emoticones —que pueden caer en lo cursi—; incluso, a veces, se comunican sólo con ellos, al punto que, como dice mi amigo Javier Nuño: «No les entiendo, Pilar, nada». Esto sucede porque ellos no son ni tan gráficos —a menos que sean gays o diseñadores— ni tan observadores de los detalles. Sin embargo, tenemos que admitirlo: cada vez son más los hombres que usan emoticones, sobre todo en la generación millenial.

En el caso del *babytalk,* que usan más las mujeres que los hombres, se convierte en una expresión de cercanía y cuidado, de afectividad; y juega además un papel importante en los roles sexuales, ya que uno de los amantes —hombre o mujer— suele comportarse y hablar como niño para ser apapachado y consentido por el otro, que actúa de manera protectora. Estos actos pueden intercambiarse de un momento a otro.

—Me duele mi panchita.
—¿Qué le duele al nene?
—Mi panza.
—Ay, y ¿con «beshitos» se te quita, hermoso?
—«Shí».

Y no sigo más, porque los lectores —que no estén enamorados— van a vomitar. La canción de Mecano lo explica muy bien: «Siempre los cariñitos me han parecido una mariconez, y ahora hablo contigo en diminutivos, con nombres de pastel».[12]

Otra «habilidad» que las mujeres tenemos, no sé si se deba a que conservamos vestigios de «la mecanógrafa que vivió dentro de nosotras», es la capacidad para escribir más rápido que los hombres, la verdad, mejor. Según los estudios al respecto, las mujeres ponemos más puntos, comas, acentos y hasta utilizamos más veces los signos de interrogación y de exclamación que los hombres, tanto en un teclado QWERTY de la computadora como en un smartphone. Dicen por ahí que: «Nadie, absolutamente nadie, escribe más rápido que una mujer enojada», y sí.

---

[12] Mecano, *Quédate en Madrid.*

Voy a llegar tarde.
17:30

¿Pooor?
17:30

Trabajo.
17:34

¿Sabes qué, Miguel? No te creo nada, estoy harta. Has llegado tarde varias veces en el último mes, y ya lo de la chamba me parece un triste y vil pretexto. Márcame de ahí, ¿a veeer? Está rarísimo, la verdad.
17:34

¿No me vas a contestar? ¿Neta? ¿Qué te pasa? Estás muy mal. Dime, neta, ¿dónde estás?
17:35

En la chamba, Erika.
17:40

Mira, si andas con alguien dímelo, la verdad, porque a mí no me vas a ver la cara de pendeja, te lo juro. Mejor cortamos. Eres mentiroso y además no das la cara; estás muy mal, no sé ni para qué andas conmigo. Si ya no me quieres, dilo. Ten valor, weyyy, ten valor. Dime las cosas a la cara y terminamos…
17:40

Ok, terminamos.
17:41

7

LAS REDES SOCIALES O CÓMO MENTIRSE A SÍ MISMO

Las redes sociales son el mal de nuestro tiempo, o el bien, o lo que sea. Es decir, son la forma en la que mucha gente, más que comunicarse, suele pasar el tiempo, al punto que pueden convertirse en una diversión, en una pérdida de tiempo, en una adicción o en un enredo.

Pero la forma en la que usamos las redes sociales hombres y mujeres es diferente. Aunque ambos sexos a través de ellas buscan estrechar lazos, pasar el tiempo, entretenerse, saber más de sus conocidos y, quizás, informarse, las mujeres suelen ser más atentas y amigables y los hombres más directos y concisos, van a lo que van.

Es típico el caso de la amiga gorda y fea que postea una foto en traje de baño en donde se ve fatal, lonjuda y fea y tooodos los comentarios de las amigas son:

—Betty, te ves súper.
—¡Muy padre se te ve, amiga!
—Bikini wooow ¡súper, mi Betty!
—Amiga, te ves incre...
—Tú muy bien, mi Betty.

Etcétera, etcétera, etcétera; es decir, son más hipócritas.

Mientras que, en el caso de los hombres, cuando un amigo sube a Facebook una foto en Acapulco posando en traje de baño y en la que sale guapo, joven, con buen cuerpo, todos pondrán comentarios tipo:

—No manches, weeey, ese mi Chanoc de barrio.
—Hahaha, muy mamado ¿no?
—¿Qué te pasa wey? ¿Quieres salir en Pornhub o qué?
—Tarzán región 4
—Bájale a las chelas y mete la panza, weeeyy.

Y otros comentarios más, bromeando y burlándose o bule-ándolo constantemente.

☞ *Hipócritas y buleadores*

Y es que esto es bien sabido, como el chiste de las dos amigas que se encuentran después de mucho tiempo sin verse y una le dice a la otra:

—Tanto tiempo, mi Lucy. No manches, ¡qué flaca!, qué bien se te ve el pelo rojo y además te veo muy guapa, ¡qué padre tu look, amiga!

—¡Ay, amiga!, mil gracias. Y tú, ¿traes pupilentes verdes? ¡Wooow, se te ven súper y el pelo corto se te ve padrísimo! No lo puedo creer, de verdad, ¿estás haciendo ejercicio?, traes piernazas.

Se despiden, se separan y cada una piensa de la otra:

—No manches esta vieja con sus pupilentes naquísimos y sus pier-nas de luchadora, se veía fatal, no mames, y ¿qué onda con el pelo corto? Mínimo que se ponga extensiones.

—Qué pedo con Lucy, wei, y su pelo rojo. La vi como más gorda, y cómo se pone vestido rojo con el pelo rojo.

Corte A. Se encuentran dos hombres, después de mucho tiem-po, y:

—¡Qué pedo, cabrón! ¡Qué gustazo! Oye, ¿hace cuántos kilos no nos vemos? (*risas*) te comiste a tu esposa, cabrón.

—(*Risa amigable*) ¡Qué onda, mi Nando! (*risa*) y a ti, ¿te agarraron meando en la calle? Porque estás bien pelón, wey (*más risas*).

Corte B. Cuando se despiden, cada uno piensa del otro:

—¡Qué bien me cae este wey! Es a toda madre.

—No mames, ese pinche Nando, ¡qué tipazo es, caray!

Esta idiosincrasia, expresada en los dos ejemplos anteriores, se ve reflejada también en las redes sociales, por lo que cada uno de los sexos las usa de forma diferente. Las mujeres utilizan las redes sociales menos que los hombres en temas de negocios y comparten más información personal al revelar más sobre sus vidas privadas, obviamente. Los hombres usan Twitter más que Facebook para informarse de lo que pasa en el mundo. Las mujeres son más francas, expresivas y están más dispuestas a compartir, son también más intimistas.

Un amigo bloqueó a una chava porque todo el día posteaba fotos y videos de su nuevo bebé, de cómo lo amamantaba, de cómo le daba de comer, de si vomitaba o tenía fiebre, etcétera. También son más dadas a poner fotos de sus mascotas y de sus amigas. En otras palabras, las mujeres están programadas biológicamente para saturar las redes sociales de asuntos íntimos y les encanta.

FinancesOnline.com realizó un estudio en 2016 con más de 10 mil personas, la mitad hombres y la mitad mujeres, en el que resultó que ellas usan las redes sociales para hacer conexiones y mantenerse en contacto con sus familias y amistades, mientras que ellos las usan para reunir la información que necesitan para algo: ya sea para conquistar a alguien que les gusta, para ejercer influencia o para promover sus negocios. También, a veces las ocupan para apantallar y para mostrarse, es decir, por *show off* —no es raro ver a un tipo subido en una moto con su casco, o esquiando, o haciendo *check in* en el aeropuerto rumbo a Dubai en viaje de negocios.

Sin embargo, en general, los hombres usan las redes sociales para realizar investigación, reunir los contactos relevantes y, básicamente, para mejorar su estatus.

☞ *Actividad y persistencia*

Pero, ¿quiénes son más activos en las redes sociales: los hombres o las mujeres? Un 74% de los usuarios de Internet utiliza las redes sociales y las mujeres llevan una pequeña delantera —76%— en comparación con los hombres —72%.

Tras todas las plataformas de las redes sociales, se encuentran millones de mujeres a las que parece que les encanta usar el celular. Un estudio realizado por la Agencia de Investigación Nielsen, mostró que las mujeres dedican a diario cerca de diez minutos a interactuar en las redes sociales desde sus celulares o apps, mientras que los hombres pasan menos de siete minutos. Además, las mujeres diversifican más. Un mayor porcentaje de ellas usa Facebook, Tumblr, Pinterest, Snapchat, Instagram y Twitter, mientras que los hombres se restringen más a Twitter, Instagram —por aquello de que todos se creen ya fotógrafos profesionales— y un poco a Facebook.

Por ejemplo, 22% de las mujeres están activas en Twitter, en comparación con tan sólo 15% de los hombres. Facebook, utilizado por 71% de la población online, está dominado por 76% de mujeres en comparación con 66% de hombres. En promedio, las mujeres tienen más del doble de comentarios en su muro en Facebook y 8% más de «amigos» y «amigas» que los hombres.

La única red social que cuenta con más hombres que mujeres es Linkedin, 24% vs. 19%, que precisamente, es una red para hacer negocios.

Si nos centramos en la relación que ambos sexos hacen de su smartphone, las diferencias entre ambos sexos son notables. Las mujeres envían más mensajes que los hombres —81% vs. 77%—, hablan más —77% vs. 70%— y más tiempo, 20% más. Juegan más tiempo —38% vs. 28%— y toman más fotos —26% vs. 19%—. Mientras que los hombres usan más el mail, por motivos de trabajo —66% vs. 60%— y destacan en la producción de videos

— 17% vs. 10%—, en oír y hacer listas de música —13% vs. 10%— y utilizan el GPS un poquito más —13% vs. 12%.

☞ Dating online

El Internet ha cambiado la vida de muchos hombres y mujeres, no sólo porque es una nueva forma de conocer personas con las que pueden relacionarse, sino también porque puede hacerse de formas que no sospechábamos.

Es el caso de la influencia que tienen apps como Tinder, en relación al modo en que se puede elegir pareja y que, también, dan a los hombres cada vez más ventajas evolutivas sobre las mujeres. Eso es lo que dice el biólogo Scott Solomon de la Universidad de Rice, quien afirma que las citas en línea benefician más a los hombres por la forma en que eligen a sus parejas sexuales potenciales. Ya que, para ellos, los elementos visuales son los más importantes a la hora de elegir a una mujer y esto es justo lo único que se puede ver en estas apps. Las mujeres, por el contrario, nos dejamos llevar por otras características, además de las que percibimos a través de la vista, como el olor, las manos, las expresiones o la voz, que son imposibles de conocer a través de una foto y una *bio* o pequeña semblanza.

Los estudios señalan que, por esa misma razón, las mujeres son más dadas a «photoshopear» y truquear sus fotos que los hombres —de la vista nace el amor— y que, además, buscan platicar e interactuar más pronto con ellos; tratan de involucrarse casi de inmediato y saber más, son más curiosas y atentas a los detalles, preguntan más por el estatus, el estado civil, la posición económica, etcétera, y piden hablar por teléfono o conocerse en persona más pronto.

Recordemos que el único propósito de las mujeres, durante siglos, fue conseguir marido, y por ello, es lógico que todos sus esfuerzos se concentren —aún— en el logro de una apariencia agradable, incluso a costa de ocultar la verdad para satisfacer lo que se esperaba que fueran.

Otro dato curioso es el que arroja el Pew Research Center al afirmar que tanto a hombres como a mujeres les parece normal que su pareja se mantenga en contacto con su ex en Facebook. Para ser más exactos, 44% de los hombres dicen que «no hay problema», y el 40% de las mujeres que «no les molesta», nótese la diferencia de afirmaciones.

En cuanto a la privacidad en redes sociales, la mayoría de las mujeres se ven tentadas a leer los correos o mensajes en el inbox de su pareja y sólo 29% no lo haría; y en cuanto a los hombres, 36% se rehusaría a ver sus mensajes privados. ¡Qué decentes!

☞ *Divorcio a la pantalla*

Un estudio reciente realizado por la Academia Estadounidense de Abogados Matrimoniales reveló que 80% de las pruebas de infidelidad que se presentan en juicio de divorcio son por la interacción dentro de las redes sociales. En esto cabe destacar que estas interacciones en Facebook son causa de uno de cada cinco divorcios en los EE. UU. y uno de cada 20 en México. Otro estudio llevado a cabo por *Cyberpsychology and Behaviour Journal* revela que en el mundo se registraron 28 millones de separaciones, sólo en el último año, por causa de las redes sociales.

Es muy fácil seguir los movimientos de la pareja a través de esta red social. Las múltiples alternativas que ofrecen las páginas permiten, por ejemplo, ver los eventos y fiestas a las que se ha asistido y detalla, con suma precisión, dónde y con quién se estuvo. Para las parejas esto puede convertirse en un detonante que conduzca a una pelea e incluso a una ruptura. Hace poco salió un video donde un tipo en Brasil subió a Instagram una foto con dos chicas diciendo: «Aquí casual, con unas cervecitas y con buena compañía», y no habían pasado 20 minutos cuando la cámara del restaurante donde estaban captó a su mujer llegando enfurecida para atacarlo a trancazos y a las féminas de paso. Así las cosas, sin piedad y a puñetazo limpio por diez minutos, aun y cuando trataban de detenerla y huir.

La red creada por Mark Zuckerberg cerró el 2016 con más de 600 millones de usuarios. Cada año, más y más personas usan esta red social para buscar una pareja y comenzar una relación extramatrimonial. En muchos casos, la gente se une a las redes sociales con el fin de encontrar a un antiguo amigo o camaradas de clase. Así, en ocasiones aparece una amistad que a veces se convierte en una seria, o fugaz relación. Muchas personas, según los estudios, utilizaron la red para reencontrarse con sus exparejas, reencuentros que pueden derivar incluso a tener conversaciones de contenido sexual. Ésta es una de las mayores razones que lleva a separaciones.

Internet abunda en historias de cómo matrimonios felices fueron despedazados por líos amorosos originados en Facebook. En el Reino Unido, la influencia negativa de Facebook fue descubierta en 2009, cuando científicos revelaron que esta red social es mencionada en una de cada cinco declaraciones de divorcio, ya que, a menudo, alguno de los cónyuges encuentra mensajes amorosos en el perfil de su pareja, prueba que posteriormente citan en las declaraciones frente a la corte; de estos datos no hay diferencia significativa en cuanto al sexo. Los casos de mujeres que empiezan una relación online son aproximadamente del 49%, mientras que los hombres tienen un poco más, pero no significativo: 51 por ciento.

PIROPOS O
CÓMO LLEVARTE
A LA CAMA

Dice una amiga: «Los hombres piensan que diciéndonos "linda, bonita, guapa, nena, hermosa, niñita, preciosa" nos tienen en sus manos... y sí». Y es que el hombre está dispuesto a usar las palabras para conquistar, a usar todo lo que tenga en sus manos para llevarte a la cama.

Los hombres proverbialmente piropean y adulan con la intención de conquistar y seducir al sexo opuesto, para lograr acostarse con ella. La palabra piropo tiene su origen en el griego *pyros*, ‹fuego›, es decir, sirven para «encender» al otro —se supone, aunque últimamente han cobrado mala fama ya que se piensa que es una forma de acoso—. En todas las culturas del mundo ha existido el piropo, es histórico y universal. Por siglos se ha difundido, sobre todo en los países de habla latina como Francia, España y Argentina.

Según los estudiosos del tema, el piropo, requiebro o adulación es una alabanza improvisada, ocasional; una costumbre oral y popular realizada sobre todo a base de metáforas y símiles —un poco como el albur, del que ya hablaremos más adelante—. En *El cantar de los cantares* ya aparecen algunos ejemplos de elogios que pueden considerarse piropos: «Mejores son tus amores que el vino», «tu nombre es como ungüento derramado».

El hombre, cuando quiere que una mujer le haga caso, devuelve con creces todo tipo de elogios a las susodichas. Incluso, los cortesanos de los siglos XII y XIII se convirtieron en unos expertos en el arte de piropear a la mujer gracias, en gran medida, a que en esa época se desarrolló la cultura de los trovadores:

> *Duda que son de fuego las estrellas,*
> *duda si al Sol el movimiento falta,*
> *duda lo cierto, admite lo dudoso;*
> *pero no dudes de mi amor las ansias.*[13]

---

[13] Shakespeare cita en *Hamlet*.

A principios del siglo XVII el piropo se usó con frecuencia en tratados y poesía. En sentido literario, era sinónimo de chispazo, fogonazo de ingenio, la palabra encendida:

> *Te vi un punto y flotando ante mis ojos,*
> *la imagen de tus ojos se quedó,*
> *como la mancha oscura orlada en fuego*
> *que flota ciega si se mira al sol.*
>
> GUSTAVO ADOLFO BÉCQUER

O el de *El Duque de Job*:

> *Ágil, nerviosa, blanca, delgada,*
> *media de seda bien estirada,*
> *gola de encaje, corsé de ¡crac!,*
> *nariz pequeña, garbosa, cuca,*
> *y palpitantes sobre la nuca*
> *rizos tan rubios como el coñac.*

Quizás los piropos puedan equivaler a los gestos cortesanos como el que los hidalgos españoles practicaban: arrojar la capa al paso de la dama deseada. La costumbre pasó luego a otras categorías sociales y hubo un tiempo en el que las capas de los estudiantes eran, literalmente, un desecho a fuerza de ser pisadas una y otra vez por calzado femenino, hasta que quedaban llenas de hoyos. El historiador Gilberto Martínez Casas recuerda que, en el siglo XIX español, los hombres se tapaban los ojos al pasar ante una mujer como indicando que podían ser deslumbrados por tanta belleza. También existía la costumbre de enviar un beso al aire, orientando su dirección con la palma de la mano como asegurándose de que iba a llegar a la dama. Y el suspiro profundo, sin palabras, acompañado de un cierre momentáneo de párpados.

Posteriormente, durante la primera mitad del siglo xx, el hombre pretendía a la mujer. Justo se les llamaban *pretendientes* y las madres concebían que «te estaban haciendo el amor», es decir, tratando de ganar tus favores y evidentemente consideraban que una vez ganados se procedía a la boda: «Bodorrio con cura y juez y lo demás vendrá después».

Hoy en día sólo nos queda el recuerdo de esa conquista. Quizá algunos galanes tengan uno que otro gesto educado, como abrirle la puerta del coche a la mujer, decirle «dama» o «damita», acercarle la silla, cederle el lado interior de la acera o encenderle el cigarro, en todo caso y a veces; formas que, a su vez, están en inminente peligro de extinción.

Según el pragmatista Henk Haverkate, el piropo es una práctica en la que el hombre se atribuye el derecho a «invadir» a la mujer con sus palabras y su función no es la de establecer una relación afectiva entre quien lo da y lo recibe, sino señalar una atracción sexual. Así lo ha constatado la sociolingüista Janet Holmes en su estudio del inglés, en el que las mujeres recibieron el 74% de los halagos, cuando los hombres, entre ellos, sólo recibieron el 9 por ciento.

Para el sexólogo y médico psiquiatra argentino Juan Carlos Kusnetzoff, el piropo es en realidad «un elogio irresistible para el gusto y el narcicismo de toda mujer», y desde su punto de vista, muy masculino, cree que está lejos de ser ofensivo.

Aunque es cierto —y digan ustedes si no— que puede ser algo más que una frase ingeniosa y puede ir desde una alabanza inocente como: «Si ser bonita es pecado, tú no tienes perdón de Dios» o «Me gustas como para madre de mis hijos» hasta algo callejero, soez y vulgar como: «En esa cola sí me formo», «Con ese culo haz de cagar bombones» y «Préstame esa jaulita para mi pajarito».

☞ *Ven a mi cama*

El hombre tradicionalmente busca, la mujer se hace del rogar; aun cuando en últimos tiempos las cosas estén cambiando y se busque la igualdad, aun y cuando el hombre trate de ser menos evidente y la mujer de mostrar más interés para equiparar las cosas; e incluso cuando desde la primera cita puedas tener sexo o se divida la cuenta entre dos.

Y es que evolutivamente el *Homo sapiens* debía cortejar a la hembra para lograr sus favores sexuales y poder copular. Los rituales de seducción podrían ir desde torear una bestia hasta matarla —el origen de la fiesta brava—, hasta darles comida o recoger flores de colores para su cueva. A los machos prehistóricos no les interesaba la familia, ni la crianza de los niños, les interesaba el sexo, y si traer carne de la caza le daba acceso a él, pues qué mejor. La mujer, desde la prehistoria, se guardaba el derecho a ser selectiva o monógama serial e ir viendo con quién y cuándo le gustaría copular, para lo cual sus requisitos caerían más en la seguridad y certeza que le daba el macho para la crianza de las futuras crías.

Por eso la mujer tradicionalmente se hace más del rogar: «Déjame lo consulto con la almohada», «*Let me sleep on it*» canta MeatLoaf,[14] o «Dice mi mamá que siempre no», frases con las que das largas o bateas al otro. Una sentencia dice: «Cuando un diplomático dice *sí*, quiere decir *quizá*; cuando dice *quizá*, quiere decir *no*; y cuando dice *no*, no es un diplomático. Y cuando una dama dice *no*, quiere decir *quizá*; cuando dice *quizá*, quiere decir *sí*; y cuando dice *sí*, no es una dama». Y es que justamente se trata —y siempre se ha tratado— de una estira y afloja, como diría Groucho Marx: «¿Por qué los hombres

---

[14] *Let me sleep on it*
Baby, baby let me sleep on it
Let me sleep on it
And I'll give you an answer in the morning.

usaríamos el sexo para obtener algo si justamente es el sexo lo que queremos?».

Dicen por ahí, que los hombres piensan en sexo cada 15 minutos, y que tienen argumentos como:

- Está buena, me la superdaba.
- Está gordibuena y sí me la daba.
- Está guapa y me la redaba.
- Está gordita, pero me la daba.
- Está x, pero igual me la daba.
- Está fea, pero con un tequila me la daba.
- No me gusta nada, pero ya pedo, me la daba.

O que los emoticones que usan, se pueden descifrar de la siguiente manera:

😃 = Te quiero coger

😋 = Te quiero coger

😜 = Te quiero coger

👻 = Te quiero coger

🖤 = Te re quiero coger

😍 = Te superquiero coger

Al respecto, también hay otra anécdota que nos lleva a lo mismo:

—Eres bonita, simpática, guapísima, sexy.
—Oye, ¡me estás agarrando las chichis!
—Perceptiva, observadora...

Que justamente refleja la mentalidad que tienen los hombres o que, por lo menos, está en el inconsciente colectivo y que ha pervivido durante milenios: el hombre en búsqueda, la mujer en resguardo.

Yo todavía me acuerdo cuando en mi adolescencia, durante los años ochenta, cuando bailábamos «calmaditas» con un hombre, como él siempre te jalaba para sí con los brazos en tu cintura y tú lo alejabas con los brazos en sus hombros.

El historiador Gustavo Vázquez Lozano señala, acerca de la prehistoria, que «los hombres se hicieron inteligentes para —sin importar su edad— conquistar a las mujeres con danza, música, seducción, gestos y aullidos». Mientras que el mismo Charles Darwin afirma que: «El poder de seducir a una hembra ha sido más importante, a veces, que el poder de conquistar a otros machos en batalla».

Y, como digo, aun y cuando las cosas han cambiado, seguimos hoy por hoy en el estire y afloja hasta que caemos, y con suerte —mala, por supuesto— nos enamoramos.

9

EL HOUDINAZO O
¡ERES MUY BRUTA,
NO SABES NADA!
AH, Y NO EMPIECES CON
TUS CELOS ABSURDOS

Las relaciones entre los sexos no sólo hablan de diferencias, sino también de poder. Es un hecho ineludible y claro que la mujer ha estado, a lo largo de la historia, relegada a ser el «segundo sexo», aunque hoy en día eso parece o quiere parecer cosa del pasado. Se entrevé en cosas como el hecho de que la mayoría de los hombres piensan, por ejemplo, que «todas las mujeres manejan mal» y se sienten compelidos a decirles cómo hacerlo, o darles instrucciones, ¿a poco no?, cuando en la realidad yo conozco a mil hombres que manejan como idiotas y mujeres que lo hacen muy bien —yo, por ejemplo soy una Chucha Cuerera para estacionarme, modestia aparte—. La mayoría de los hombres piensan que saben llegar perfecto a cualquier lugar y no les gusta preguntar si van bien o mal; las mujeres, en cambio, aun cuando son más desorientadas —en general se fijan menos por dónde van—, son más dadas a preguntar. Sin embargo, en los últimos estudios realizados en México sobre la aplicación direccional satelital Waze, que cuenta ya con casi un millón de usuarios, resulta que la mitad son hombres y la mitad mujeres. Aunque las mujeres son más dadas a contravenir las indicaciones de la app, mientras que la mayor parte de los hombres las siguen al pie de la letra.[15]

☞ *Mansplaining*

El mansplaining es esa necesidad que tienen los hombres de explicar de manera tutorial, protectora o paternalista, ciertas cosas a las mujeres. Es un término nuevo, acuñado hace algunos años —2010— formado por las palabras *man*, ‹hombre› y *explaining*, ‹explicar›, y se define propiamente como «explicar

---

[15] estrategiaynegocios.net

algo a alguien, generalmente un hombre a una mujer, de una manera condescendiente». Lily Rothman, periodista de *The Atlantic*, lo define como: «explicar sin tener en cuenta el hecho de que la persona que está recibiendo la explicación sabe más sobre el tema que la persona que lo está explicando»; y añade que, en general, «este comportamiento suele darse de forma habitual por parte de un hombre hacia una mujer». Este concepto comprende una mezcla heterogénea de actitudes que tienen en común el menosprecio del hablante hacia quien escucha —en la mayoría de los casos, una mujer— y por lo tanto, le supone una capacidad de comprensión inferior a la de un hombre. Y el ejemplo típico es:

—¿Por qué no te estacionas en batería, en la puerta? Si sabes, ¿no? O sea, arriba de la banqueta, de frente. *(Como si no supieras lo que es «estacionarse en batería»)* 😤 .

Este concepto es más común cuando se trata de temas que los hombres creen conocer a la perfección, como temas de negocios. Yo tengo un amigo que siempre me dice:

—Yo creo que deberían vender más publicidad en la revista. *(Ay, pendejo, gracias por decírmelo, o sea nunca lo había pensado, por eso tengo a seis personas en el área comercial, por eso leo sobre el tema, estoy en contacto con las agencias de medios, hacemos esfuerzos de publicidad digital, etcétera, etcétera)* 😤 😤 .

Esto del *mansplaining* también incluye situaciones en las que un hombre monopoliza la conversación creyendo ser más culto que la mujer que lo escucha o dándole a entender que él sabe más. La escritora Rebecca Solnit, en su libro *Men Explain Things to Me*, comenta que se trata de una práctica ancestral que hasta hoy —en la búsqueda por la igualdad— se empieza a notar como algo superofensivo. Este hecho, dice, es «un síntoma de un comportamiento muy extendido que disuade a las mujeres de manifestarse públicamente o de ser escuchadas cuando se atreven a hacerlo; y nos acostumbra al cuestionamiento y la limitación femeninas, a la vez que fomenta el exceso de injustificada confianza en lo que dicen los hombres».

Yo creo que el *mansplaining* se diferencia de otras muchas formas de condescendencia política, al estar específicamente ligado al género y basado en suposiciones sexistas que dan por sentado que los hombres están habitualmente mejor informados o son más inteligentes que las mujeres. Además, es un acto patriarcal que provoca muchos problemas en las relaciones de pareja, porque justo muchas de nosotras que no nos dejamos y acabamos retobando y peleando gacho; o simplemente defendiendo nuestro punto hasta el cansancio y luego por eso dicen que hablamos mucho 😡 😡 😡.

☞ *Stalkear y desaparecer*

Cuentan las malas lenguas —y la experiencia— que las mujeres somos mejores para estar *stalkeando* a los hombres; ya sea en las redes, en el Facebook o en la vida diaria a través de chismes y amigas y así; metiéndonos hasta en los rincones, creándonos identidades ficticias o no teniendo empacho por ir más allá y andar preguntándole a todo el mundo qué onda con el galán en turno o con el ex, ¿qué hace?, ¿con quién anda?, etcétera. Yo stalkeaba antes de que existieran las redes sociales, en vivo, marcando a su casa y quedándome callada —haciendo mudos— o dando vueltas en el coche para pasar frente a su casa.

Y por su parte, que los hombres son unos magos en el acto de desaparecer, como dice la escritora mexicana Fernanda de la Torre, experta en temas de pareja:

Los hombres de este nuevo milenio han aprendido perfectamente el acto del «houdinazo», o sea, el «ahora me ves; ahora no me ves», la versión moderna del cuento de siempre: «Vieja, voy por los cigarros y ahora regreso... y nunca lo vuelves a ver»: conoces a un tipo y, luego de varias salidas, resulta que es encantador, que te la pasas muy bien, hasta que, un día, quedan de hacer algo en la semana. Él dice que te va a llamar para confirmar. Bueno ¿y qué sucede? Nada. Exactamente eso, nada. No llama, no manda mails, no whatsapea. Nada. Empiezas entonces a revisar 14 veces por hora la cuenta de correo, llamas a tu compañía celular para ver si no hay fallas, dejas de usar tu teléfono para que no esté ocupado. Checas 18 veces el calendario por si te equivocaste de fecha, te quedas plantada delante del teléfono esperando que suene. ¿Y qué pasa? Nada. En ese momento te enfrentas a uno de los más grandes, profundos y desconcertantes dilemas que podemos tener las mujeres: ¿le llamo o mejor me espero a que me llame? Comienzas a sopesar todas las opciones: si le llamo igual y está en junta ocupadísimo y se enoja; o segurito piensa que soy una arrastrada y que muuuero por él; no, mejor no le llamo; aunque, tal vez algo le pasó y por eso él no llama; entonces, ¿será que mejor sí le hablo? Bueno, ¿y qué le digo? ¿Le cuento que me equivoqué de número, le hablo para saludar, que lo invito a un plan buenísimo —sí pero a cuál—? Mientras estas ideas pasan por tu cabeza, sigues checando frenéticamente el mail, el celular, la contestadora. Pasan así las horas, los días, las semanas... Y entonces caes en cuenta de lo que sucedió: es duro, es doloroso y no lo quieres ver. Pero ahí está, con todititas las señales: te aplicaron el «houdinazo».

El «houdinazo» del que habla De la Torre no es más que el ejemplo claro de la incapacidad de los hombres para enfrentar una situación y hacerle frente de manera directa.[16] Es decir, los hombres creen que no vale la pena hablar muchos temas y que con dejarlo pasar basta. Y si a eso le sumamos la tendencia que tenemos los mexicanos en general de no ser directos, pues el problema se duplica.

---

[16] Fernanda de la Torre, *El Houdinazo*, en «Neteando con Fernanda», Diario *Milenio*, 2003.

Es cierto que hay una incapacidad para hablar de sus sentimientos, para enfrentar las reacciones del otro, para establecer un diálogo y discutir algo, sobre todo si va a ser largo y tendido. Esto puede tener que ver con las hormonas, porque en estudios psicológicos sobre agresividad, los hombres salen siempre «mejor» ranqueados que las mujeres; es decir, si se trata de aventar cosas, ellos las avientan mejor y más lejos; si se trata de correr o levantar peso, también, justo porque tienen más testosterona y la testosterona es una hormona que da energía física y mental y sobre todo, ayuda a la función de *flight or fly* —es decir, un hombre luchaba o huía por su vida cuando iba a cazar un mamut o un tigre—, por eso son más dados a pelearse a golpes entre amigos, y mejor aún, más dados a huir y evitar el conflicto que las mujeres, que se empeñan en ir paso por paso y fijarse en el detalle.

En un metaanálisis de varios estudios sobre la lengua de mujeres y hombres llegamos a la conclusión de que las mujeres son 10% más dadas a hablar, a estructurar el discurso y hábiles para acordarse de los detalles de pláticas anteriores. Por eso la frase aquella de que: «las mujeres tenemos una lengua hablona», que va de la mano con la anécdota que cuenta Pico, mi amigo, de sus papás:

Tengo seis hermanos, conmigo somos siete de familia y resulta que todos los fines de semana nos íbamos a la casa de Cuernavaca en una camioneta de esos guayines que se usaban por los años setenta, junto con el perro y a veces hasta la muchacha.

Como es de imaginarse, mi mamá se ponía como loca tratando de coordinar la ida, la comida, la ropa de todos, etcétera. Empezaba con una cantaleta desde que nos levantábamos hasta que nos metíamos al coche:

—Mónica, ¿ya llevas tu sombrero y tu traje de baño?; Diego, ¿llevas tu llanta y tu patito de hule? Manuel, no te olvides de meter los refrescos y la hielera; Claudia, acuérdate que te quemas mucho, lleva tu crema Nivea para después del sol; Gerardo, ya deja de jugar y métete a la camioneta con tu toalla y no se te olviden las guetas; Elba, lleva tus lechugas porque estás a dieta, etcétera, etcétera. Mientras tanto, mi papá observaba la escena, hacía lo suyo y se sentaba al volante a esperarnos.

Un día de tantos, cuando mi mamá se sube hable y hable y le pregunta:

—Y tú, Miguel, ¿traes una muda?

Y mi papá le contesta lacónicamente.

—¿Qué más quisiera yo? Traer una muda.

Por su parte, el lingüista Jack Chambers nos dice que en cualquier muestra que él ha realizado, las habilidades de habla de mujeres y hombres, en tanto a su variación, es mínima y no pasa del 0.25%. Es decir, hay una coincidencia del 99.75%, casi como en cualquier otra actividad humana: cocinar, jugar tenis, jugar póker, dominó, correr, bailar, etcétera; por lo tanto, no es una habilidad sino una costumbre, una tendencia y una insistencia, es adquirida y más adelante, cuando hablemos de la chamba, se verá.

En realidad, el problema está en no saber reconocer el lenguaje que usa el otro y el no ser capaz de usar los dos lenguajes: el de los hechos y el de lo que sentimos; unos no enfrentan, las otras insisten, ellos se cansan, ellas se desesperan.

☞ *Los celos*

«¿Quién es ésa tal alarma y por qué te llama todos los días a las 6 de la mañana». Esta frase la puede llegar a decir una mujer celosa en cualquier momento, pero también puede salir de la boca de un hombre. Teniendo miedo de todo lo que rodea al amado, o a la amada en su caso; porque en celos tanto mujeres como hombres se ranquean por igual. Aquí las diferencias de género no se marcan en el lenguaje ya que los reproches, las dudas, la investigación insana, las vueltas y los vericuetos para encontrar las trazas que indiquen que el otro nos ha sido, nos va a ser o nos fue infiel son igualmente vergonzosas tanto en hombres como en mujeres.

Sin embargo, aunque los estudios —sobre todo psicológicos— y la experiencia terapéutica en general han puesto en evidencia que la naturaleza de los celos es la misma para ambos sexos, es posible distinguir ciertos elementos. Por ejemplo: los hombres se ven más afectados ante la idea de que su pareja tenga relaciones sexuales con otro —infidelidad física—, eso puede volverlos medio locos, mientras que las mujeres sufren más cuando se trata de cuestiones que tocan los sentimientos, es decir, infidelidad emocional.

> Él: Es que no es lo que tú piensas, con ella no ha pasado nada, de verdad, ni siquiera nos hemos dado un beso.
> Ella: ¡Ah!, entonces es mucho peor.[17]

Es decir, si no es solamente sexo, entonces, puede que sea peor, que haya enamoramiento, y eso es a lo que ella más le teme.

Cuando hablamos de celos, hablamos en parte del miedo a perder a la pareja, a ser engañados o rechazados por ésta, a que nos sustituya por otra persona. Ahora bien, muchas veces esos celos son infundados, y justamente aquí aplica la frase de don Jacinto Benavente: «El celoso no es nunca celoso por lo que ve, con lo que se imagina basta». Ya que los celos son una emoción caracterizada por pensamientos distorsionados e irracionales, que generan respuestas de temor y ansiedad, y actuaciones encaminadas a ejercer control sobre las conductas de la pareja, con el objetivo de buscar seguridad y mitigar nuestros miedos, lo que lo hace peor.

En general, los hombres pueden llegar a ser más violentos y represivos a la hora de reclamar los celos y las mujeres a intensear y a confrontar.

En realidad, de acuerdo con el Dr. Jeffrey G. Parker, sentir celos se trata de una condición o una manifestación de inseguridad exacerbada, así como de una baja autoestima, y muchas veces está profundamente asentada en el temperamento, lo que los hace aparentemente incontrolables.

---

[17] Frase tomada de la película: *Falling in Love*, de Ulu Gosbard (1984).

Los celos son también una manera de gestionar la relación, un patrón comportamental que se va aprendiendo y acendrando en la pareja: el celoso ataca, el otro esconde. Y de ahí la frase de mi amigo Serafo: «Ya no me hagas tantas preguntas, para que no tenga que decirte tantas mentiras».

Generalmente, en los celos, y de acuerdo a los estudios de la *American Psychological Association*, podemos encontrar un patrón conformado por las siguientes respuestas en ambos sexos:

- Respuestas cognitivas: pensamientos e interpretaciones irracionales sobre aspectos de la relación de pareja. Por ejemplo, se interpreta de manera distorsionada lo que hace la pareja, aparecen dudas sobre la implicación del otro con la relación, se cuestionan y se analizan con suspicacia las intenciones de otras personas hacia nuestra pareja o de nuestra pareja hacia nosotros o hacia otras personas. Cualquier tema de la relación puede ser objeto de inter-pretaciones erróneas y sesgadas, dando lugar a cadenas de pensamientos interminables, que provocan inseguridad, malestar, ansiedad, suspicacia e irritabilidad.

- Respuestas psicofisiológicas y emocionales: los pensa-mientos e interpretaciones distorsionadas sobre los com-portamientos de la pareja generan miedos, inseguridades y nuevas dudas constantes, que incrementan nuestra percep-ción de amenaza y peligro y desencadenan una respuesta de ansiedad, llevándonos a poner en marcha el tercer com-ponente del cuadro: las acciones destinadas al control de la pareja y a calmar nuestros miedos y dudas, que además duran poco, porque pronto sobrevendrán nuevos miedos y dudas.

- Respuestas motoras: son aquellas acciones que el celoso pone en marcha para tratar de controlar a la pareja, como buscar indicios con el fin de confirmar o desmentir sus sospechas, tratar de impedir que se cumplan sus temores infundados y, en definitiva, cualquier conducta que tenga como objetivo la búsqueda de seguridad y la reducción del miedo y la ansiedad. Por ejemplo, impedir que la pareja vaya a sitios o que vea a ciertas personas con el objetivo de reducir la probabilidad de que pueda ser infiel, limitar sus oportunidades de conocer a otras personas por el miedo a que le puedan atraer más, llamarlo constantemente para confirmar dónde está y con quién, cuestionar todas sus explicaciones, preguntarle constantemente si está a gusto con la relación o si nos sigue queriendo, revisar su celular y objetos personales, en fin.

- Los problemas de celos en la pareja suelen tener un patrón prototípico que explica, además, su mantenimiento en el tiempo a modo de círculo vicioso que se refuerza a sí mismo: La persona celosa —tanto hombre como mujer—, sin necesidad de que exista un motivo o señal justificada, lo buscará o la generará, percibiéndola como real, temiendo que su pareja pueda engañarle, serle infiel, abandonarle o sentir atracción por otra persona.

Estos temores se manifiestan en forma de ideas e interpretaciones distorsionadas e irracionales, como:

—¿Qué hacías tanto tiempo en el baño? ¿Por qué te llevaste el celular?
—¿Con quién estabas hablando?
—Esa chava de la chamba, como que te habla mucho, ¿no?
—Ese wei quiere contigo, dile que yo sí le ando rompiendo la madre.
—¿Por qué vas tan arreglada a la junta?
—¿Te gusta? Porque no la has dejado de ver en toooda la noche.

O bien en diálogos como:

—¿Qué te pasa cariño?
—Nada.

—¿Estás enojada?

—No, mejor pregúntale a tu «amiguita».

O

—¿Celoso yo? Para nada, es sólo que a todos los que están aquí en la fiesta les gustas y se te quedan mirando y me caga.

O

—¿Dónde estás?

—En el coche.

—A ver ¡súbele al radio! 😲.

Y no sigo, porque dan risa, neta.

En definitiva, todo es interpretado en términos «celosos», y este tipo de interpretaciones tienen una repercusión directa en el estado de ánimo y en el nivel de activación fisiológica: sudores, ansiedad, hoyo en la panza, angustia. Cuando el «celoso» actúa movido por sus miedos, sus interpretaciones de los hechos son tan distorsionadas que generan un nivel de activación muy elevado y además la atención se dirige selectivamente a aquellos datos que vienen a confirmar sus miedos, con resultados tan absurdos como los anteriores.

10

LAS RELACIONES O ¡PFFF!

La historia comienza cuando él, después de un día agotador en el trabajo, preocupado por un pago que no le han hecho y porque la tarjeta la tiene al tope, y peor aun, porque su equipo perdió en *playoffs*; llega a las ocho, pasaditas, a recogerla a ella, que pasó el día muy ocupada en la chamba —pero pensando en él y pendiente de unos mensajitos de WhatsApp que nunca llegaron—, que luego fue al súper y al gimnasio y todavía tuvo hasta tiempo de cambiarse y arreglarse para verlo. El primer contacto es un beso, ella efusiva, él distraído le suelta un «qué guapa», ella se le queda viendo muy perspicazmente para ver si está bien.

—¿Por qué se te hizo tarde?
—Pta, no sabes qué día. ¿A dónde quieres ir?
—Habíamos quedado de ir al cine, la peli empieza a las 8:45.
—Okei.

Pasan el resto del camino casi callados, con monosílabos. Llegan al cine, él pide una cerveza, ella un agua mineral —se está cuidando—, entran y él calla, pone atención en la película, se olvida de sus problemas por dos horas. Ella, en cambio, está viendo la película, pero muy pendiente de él, de su actitud, de si le toma la mano o no, de si está muy raro o distraído.

Después del cine, ya en el coche, él se le acerca y le da un beso, le dice que qué linda se ve y le sigue dando besos hasta llegar a la casa. Ella se alegra y le dice que si quiere pasar, suben a su departamento y él le pide un whisky, se siguen besando y pasan a la habitación; pasa todo lo que tiene que pasar y después él se queda dormido. A la media hora se despierta y le dice:

—Me voy, reina, porque mañana tengo un desayuno temprano y no traigo ropa.
—Okey.
—Dame un beso.

Se besan y él se va.

Ella en la cama se queda pesarosa, preocupada, nerviosa e insomne, pensando:

«No puede ser, la verdad creo que esta relación se está desmoronando, veo a Fernando totalmente seco y alejado de mí, además lo noto ausente y con la mente en otro lado. No habló en toda la noche, me ignoró. Llegó tarde, fue distante, y después de hacer el amor se quedó dormido. Creo que ya no me quiere, y seguro anda con otra, y además es lógico porque estoy gordísima, con razón se fue muy rápido con el pretexto del desayuno. No sé qué hacer, qué horror. Me mato». Y rompe en llanto.

Cuando él llega a su cama, piensa por tres segundos, antes de quedarse dormido:

«No mames, qué putiza de día, pinches Reds valen madres, además sin lana, y no manches el que me espera mañana desde las 7. Bueno, pero por lo menos vi a la Paty, me eché mi whiskito y cogí».

¿Así o más complicados son los niveles de comunicación entre hombres y mujeres cuando estamos en una relación?

Básicamente, el principal problema de comunicación reside en lo que habíamos comentado, en la dificultad de los hombres para discutir los problemas, y en la insistencia de las mujeres por discutirlos, lo que se vuelve un círculo vicioso que puede acabar con relaciones de pocos días, de pocos meses, de muchos años y hasta con matrimonios. Además, tanto hombres como mujeres tienen diferentes ideas de lo que es importante —y en qué punto los temas «importantes» deben ser planteados.

A un hombre, por ejemplo, no le parece adecuado ni oportuno hablar de la relación, del amor o del desamor cuando llega de la chamba, y menos si hay futbol o beisbol o está viendo una serie. En cambio, para ella, se puede hablar en cualquier momento porque considera que es una cuestión «de vida o muerte». De hecho, los estudios lingüísticos de Peter Trudgill revelan que los hombres consideran que, en la mayoría de los casos, las pláticas con la pareja son una pérdida de tiempo y un «gasto inútil» y que muchas veces se podrían evitar. Es más, si por ellos fuera, nunca hablarían de la relación.

> Ella: Necesitamos hablar.
>
> Él, erizado en anticipación a algún tipo de reclamo: ¿Qué no acabamos de hablar ayer?
>
> Ella: Sí, pero necesitamos definir la relación. ¿Qué soy para ti?
>
> Él, tocándole la nariz con el dedo índice: ¡Guapísima!
>
> Ella: En serio Miguel, no me evadas.
>
> Él, confuso: ¿No eres guapa?
>
> Ella: Hemos estado saliendo por tres meses y no sé qué onda.
>
> Él: ¿Me dejas probar tu hamburguesa?
>
> Ella: La pregunta es si somos novios o no.
>
> Él: Ps sí, ¿pero no me das una mordidita de hamburguesa?
>
> Ella: ¿Cómo, ps sí?
>
> Él: Sí, pero oye ¿Eso significa que vas a tomar anticonceptivos y así dejaremos de usar condón cuando cogemos?
>
> Ella, furiosa: Obvio.

Aquí se ve claramente cómo la mujer busca permanencia y seguridad —tal como lo hemos comentado—, mientras que el hombre se enfoca más en lo práctico y lo inmediato. Por otro lado, el enfoque varonil busca calmar los sentimientos indirectamente atacando su causa y hablar de cosas o de hechos y no de sentimientos o relaciones. Las mujeres, en cambio, al buscar seguridad, esperan que sus sentimientos sean respaldados, el enfoque de los hombres las hace sentir como si ellos mismos las atacasen.

«Si además de tener problemas los discutes, se vuelven más grandes», nos dice un hombre a un grupo de lingüistas del Instituto de Investigaciones Filológicas de la UNAM, mientras que una mujer agrega: «Al contrario, si no los hablas es peor, porque te los guardas y luego acaban saliendo y pueden terminar con la propia relación». Todo esto hace que las mujeres seamos más duchas en el arte de discutir, como dice aquella frase: «En una discusión, la mujer, si se apendeja, empata».

☞ *Miedo al compromiso*

En cuanto a la búsqueda de seguridad y permanencia, dicen los hombres: «Si estás saliendo con una chava y la pasan bien, ella quiere vernos una vez a la semana, si nos vemos una vez a la semana, ella quiere tres veces, si nos vemos tres veces, ella quiere diario, hasta que le propongas matrimonio. Tal como dice el dicho: "Nomás le dicen mi alma y ya quiere casa aparte"».

Este caso narra un poco el problema:

Ella se había estado quedando en el departamento de Juanpa por tres semanas antes que él notara que de hecho estaba viviendo ahí. Esto empezó, como estas cosas pasan, con un inocente cepillo de dientes.

—No te preocupes, usa este cepillo de dientes verde y ya déjalo aquí.

Ella sonríe, porque, como todas las mujeres, sabe bien que obtener un pequeño cepillito de dientes era el primer paso en su camino al matrimonio. Después de que habían estado juntos por un mes, más o menos, una noche ella exclama:

—Es de hueva tener que cargar esta maletota con mi ropa, mi secadora y todo, cada vez que te veo después del trabajo.

Él responde como concediendo:

—¿Quieres un cajón? Agarra éste.

Tres meses después, el cajón se desbordaba un poco.

—¿Vives aquí? —le pregunta en tono de broma, cuando la ve ir al cuarto de lavado a buscar su ropa interior.
—Hahahah casi, ¿verdad? —haciendo voz de niña y carita—. Es que, ¿sabes?, me van a subir la renta y no sé si te molesta que me venga para acá mientras encuentro un nuevo lugar.

—Ehm —como titubeando—, claro que no, está bien... en lo que encuentras un lugar...

—En lo que encuentro un lugar, sí —dice ella, sabiendo perfectamente que no iba ni a buscarlo.

Aquí entra la clásica lucha entre la búsqueda de compromiso —dada por razones biológicas, según Desmond Morris— por parte de las mujeres, y el pánico al mismo, por parte de los hombres. El complejo o síndrome de Peter Pan en el que buscan mantenerse libres, inmaduros y sin responsabilidades por el mayor tiempo posible. Miedo al compromiso, miedo a las ataduras y, por ende, a los hijos. «Cuando madures te espero en los columpios», dicen por ahí mientras juegan videojuegos, se enojan porque su equipo perdió o están distraídos pensando por qué tiraron tan mal en el último torneo de golf.

Las mujeres esto no lo podemos entender: mi mamá decía, cuando mi papá se enojaba, se deprimía y se quedaba sin comer, si perdía Fernando Valenzuela con los Dodgers: «¡No puede ser que mi vida dependa de si juega bien o no, ese pinche gordo!». Y es así hasta que se mueren, lo que causa rompimientos y deslices en todas las parejas. Los hombres subestiman a las mujeres por el hecho de que no saben de deportes y además se sienten incomprendidos por ellas, cuando no les dan la importancia debida.

Cuenta el chiste de una mujer comentando en el Superbowl:

—¿Qué onda, por qué se para el juego? No se les ve el cuerpo, ¿por qué traen tanta ropa? ¿Cuándo acaba? ¿Qué es primera y diez?, ¿estos no meten goles como Messi? Ay, mira, sí tienen buena nalga...

☞ *La plática*

Muchas mujeres se preguntan constantemente: ¿por qué les resulta tan difícil a los hombres decir «te amo»? Estas palabras poseen una magia para la mayoría de las mujeres y nos son de suma importancia. Yo le preguntaba a mi marido muchas veces:

—¿Me quieres?, ¿por qué nunca me dices que me quieres?

Y él me contestaba:

—Porque ya lo sabes.
—Pero lo quiero oír. Es importante que me lo digas.

Muchos hombres se resisten y dirían que ya se lo han dicho en comentarios rutinarios, con gestos a los que se les pone énfasis especial y que a estas «dos palabritas» las mujeres la cargan con demasiado peso emocional. No es que los hombres no expresen afecto y amor, sino que el modo en que lo hacen no siempre es el adecuado para una mujer. A veces los hombres expresan afecto a las mujeres como lo hacen con sus amigotes: bromeando, quizás una palmadita en la espalda, cachondeándolas o poniéndoles apodos, pero no siempre es suficiente para ellas.

Expresar amor es diferente para cada uno de los sexos. Antropólogos de diferentes vertientes han escrito acerca de muchas culturas del mundo, en donde hablar juntos está valuado como la mejor manera de estrechar lazos en una relación. Una corta y simultánea plática puede ser muy importante, puede ser una plática de compenetración, y puede derivar en grandes *cosas*. Cuando un hombre y una mujer logran ponerse en el mismo canal y tener temas de interés comunes, se logran consolidar muchas cosas.

11

LA VIDA EN PAREJA
O EL MATRIMONIO
ES LA PRINCIPAL
CAUSA DE DIVORCIO

—¿Cómo amaneciste, mi amor?

—Parcialmente emputada, querido, con probabilidades de armar pedos cabrones en la tarde.

Imaginemos que una pareja va con unos amigos a cenar; el hombre se la pasa hablando y haciendo chistes, mientras la mujer se ríe discretamente y sin muchos aspavientos. Sin embargo, cuando llegan a casa, ella empieza a hablar y hablar y a contarle todo lo que hizo en el día, pero cuando ella le pregunta a él cómo estuvo su día, sólo escuchará un:

—Normal, equis, lo de siempre.

¿Por qué? ¿Qué es lo que pasa? Bueno, los estudios señalan que esto sucede porque los hombres son más dados al estilo directo y humorístico, es decir, a hablar sobre hechos o acontecimientos de manera puntual y de dar información no personalizada. Y cuando se trata de expresar sentimientos, los hombres callan. El hecho de que los hombres interrumpan más a las mujeres en un contexto como el laboral —como ya se verá en el capítulo sobre discurso público— no se opone al hecho de que las mujeres conversen y platiquen más que los hombres en el contexto social o íntimo.

Deborah Tannen, la lingüista especializada en temas de género, menciona que, al hablar, las mujeres tienen una relación-conversación y los hombres un reporte-conversación. La relación-conversación es el conjunto de todas las emociones, sentimientos personales y asuntos que le pasaron. Cuando una mujer habla, quiere expresar todas las cosas que le han pasado en el día, que siente o que cree sentir. Y es por ello que existe el estereotipo de que las mujeres hablan más. Las mujeres hablan de las cosas que encontraron importantes en su propia vida, es decir, temas personales. Mientras que los hombres hablan más, pero cuando es en público y lo asocian con un «hecho real». Matthias Mehl llevó a cabo una investigación donde contó el número de palabras que los hombres y mujeres profieren al día; y llegó a la conclusión de que las mujeres en promedio dicen 16 215 palabras y los hombres, 15 669. No hay mucha diferencia, apenas un .03%, pero Mehl concluyó que los hombres dicen más palabras en una plática común o pública, mientras que las mujeres hablan más de cosas íntimas: la relación-conversación vs. reporte-conversación es igual a hablar de sentimientos vs. hablar de cosas materiales.

En resumen, es difícil dar una respuesta en concreto sobre quién habla más, porque todo depende de la situación, el contexto, la voluntad, la educación, el punto de vista, la familiaridad con cierto tema o incluso la función social. En cada pareja las cosas cambian, y se dan de manera diferente.

☞ *La vida diaria*

> *En el momento de casarse debemos plantearnos esta pregunta:*
> *¿crees poder conversar con tu mujer hasta que seas viejo?*
> *Todo lo demás del matrimonio es transitorio, pues la mayor*
> *parte de la vida común está dedicada a la conversación.*
> FRIEDRICH NIETZSCHE

En pareja, cuando el amor deja de ser prioritario y el sexo pasa a ocupar el lugar que en verdad le corresponde —que es muy por debajo de lo que se cree— la centralidad de la conversación en la vida se pone de manifiesto.

El sociólogo estadounidense Peter L. Berger afirma que el matrimonio es una empresa de construcción de un submundo que genera sus propias leyes. La idea central es que en la conversación construya y mantenga una realidad coherente entre los miembros de la pareja. Es decir, la pareja se convierte en un mundo aparte; evidentemente un micromundo que tiene su origen en el mundo real de donde provienen los miembros de la misma. Y así se autoconfirma en sus identidades, y en caso de no hacerlo, vienen los conflictos y los problemas: desde no bajar la tapa de escusado, no exprimir como se debe el tubo de la pasta de dientes, manchar la taza de pipí o no cambiar el rollo de papel de baño, hasta los problemas económicos, de puntos de vista, de educación de los hijos, de objetivos de vida y hasta de crecimiento personal, que son desencuentros que pueden ir *in crescendo* y que inevitablemente terminan en separación.

Aquí las mujeres y los hombres establecen patrones muy distintos. En muchas situaciones, él y ella no se comprenden porque usan el lenguaje para cosas diferentes. Muchas veces, para las mujeres es importante estar al tanto del día a día de su pareja y también ponerles al tanto de su cotidianidad y sus circunstancias, de lo que han hecho, lo que han pensado o cómo se han sentido. Para muchas mujeres, tener conversaciones sobre estos temas es una forma de sentir que están cerca de su pareja, que están «en conexión», acompañadas, en contacto.

Las conversaciones sobre los pequeños asuntos de la vida cotidiana son para la mujer una muestra de que está cerca emocionalmente y en sintonía con otro ser humano. Y así se pueden pasar horas hablando de lo mal que les salió la sopa, de la vecina y su taza de azúcar, de su chamba, de su jefe y de que el techo necesita otra capa de pintura, mientras que el hombre oye, o hace como que oye.

En muchos casos, el hombre no necesita comunicarse sobre su día a día para sentirse cerca emocionalmente de su pareja. Muchos hombres se comunican con su pareja cuando hay un asunto grave que tratar, o cuando le ha sucedido algo que considera importante. Y puesto que no todos los días suceden cosas que él considera realmente importantes, es muy frecuente que estos hombres no hablen tanto cuando llegan a casa. Esto se suma al hecho de que en general no les gusta hablar de sus problemas, especialmente los que no saben cómo resolver, porque les angustia. A la mujer, por el contrario, hablar de los problemas —aunque no tengan solución— suele dejarla más tranquila.

Así pues, el hombre en la intimidad de la pareja usa mucho menos el lenguaje que la mujer. Esto no quiere decir que los hombres hablen menos que las mujeres, como ya dijimos, pero, en definitiva, en la intimidad sí.

—Pero al grano, ve al grano —le dice Pepe a Sandra, cuando ella lleva media hora hablando de un vestido para la boda de su amiga, que no encontró o no le quedó o no combinaba con los zapatos; a él le urgía que ella llegara al grano, a lo que ella le contesta molesta:
—Es que no hay grano.

Y lo cierto es que «el grano», para muchas mujeres, no es un dato concreto, sino la propia conversación. Muchos hombres, por el contrario, piensan que la conversación tiene por objeto llegar a «algo importante o trascendental», y esperan que cualquier narración llegue «al grano». Y esto se debe a que, posiblemente, si él mismo tuviera que narrar algo que le ha sucedido en el día, sería para ofrecer algún dato relevante, conciso, preciso o que considerara de importancia.

Otro ejemplo, muy común, sería el siguiente:

—¿Me quieres?
—Claro que sí, nena.
—¿Y por qué no me lo dices?
—Te lo he dicho muchas veces.
—Sí, pero yo quiero que me lo digas más.

En este caso, él interpreta que el lenguaje se usa para transmitir información. La información sería que él la quiere, y ella se supone que ya tiene esa información, así que ¿para qué repetirla? Ella, por el contrario, cree que el lenguaje se debe de usar para expresar afectos y conectar emocionalmente, por lo que, aunque ya sabe que él la quiere, le pide que se lo diga porque le gusta oírlo —igual que le gusta recibir un beso y un abrazo—. Él no entiende el motivo de que ella le pida que le diga que la quiere tantas veces, y ella no entiende los motivos por los que él no se lo dice.

☞ *Desacuerdos y destiempos*

Muchas de estas situaciones, que pudieran parecer nimiedades, son una enorme fuente de frustraciones y desencuentros para muchas parejas. Si una mujer piensa que no se comunica lo suficiente con su pareja, suele sentirse muy mal emocionalmente, desconectada y sola. Para muchas mujeres es muy importante sentir que pueden hablar y entenderse, comunicarse, comentar «sus cosas» y que él le cuente las suyas.

Cabe señalar que los estilos descritos como masculino y femenino son más característicos —principalmente por cuestiones educativas, sociales y culturales—, de hombres y mujeres, pero también existen muchos hombres que se comunican con el lenguaje descrito como femenino y mujeres que se comunican en un estilo masculino, como ya lo comentamos cuando hablamos de cerebros masculinos y femeninos.

Para ellos la conversación no consiste en conocer al otro, sino en una especie de deporte competitivo donde hay que probar, afirmar o decir algo concreto. Muchos hombres no saben lo que quieren las mujeres, y las mujeres honestamente no saben por qué a los hombres les cuesta tanto comprenderlas y comunicarse. Como para él la plática es información, si su esposa interrumpe su lectura, debe ser para informarle de algo que él necesita saber. Siendo éste el caso, ella podría también decirle lo que piensa que él debería saber antes de empezar su lectura. Pero para ella, la plática es simplemente para interactuar. Platicar las cosas es una manera de mostrar interés, buena onda, y poner atención es una manera de mostrar que están conectados y se tienen cariño.

👉 *Buena y mala comunicación*

Aquí, un ejemplo de cómo se pueden decir y entender frases entre hombres y mujeres, es decir, cómo lo decimos y cómo lo entiende el otro, sobre todo cuando la relación ya está desgastada. Como diría mi tío Alberto: «Entre mi mujer y yo no hay ni un sí, ni un no, puros *"¡qué te importa!"*».

LO QUE DICE	LO QUE ENTIENDE
—Mi vida, te huele un poquitín la boca.	—Oye, te apesta el hocico, gacho.
—¿Vas a levantarte a buscar trabajo, cariño?	—Nunca dejarás de ser huevón, me cae.
—Mi vida, piénsalo bien para la siguiente ocasión.	—De veras que no se puede con tus pendejadas.
—No estoy de acuerdo con esa decisión.	—Si no te parece, lárgate.
—Qué cagado te ríes, me encanta.	—Ora ¿de qué te ríes?, imbécil.
—Sabes, me gustaría que fuéramos a Cuba.	—Me largo a La Habana con mis cuatas.
—Oye beibi, ¿no viste mis cosas por aquí?	—¿Dónde chingaos dejaste mis cosas?
—Mi vida, ya perdóname, plis.	—Después de tus estupideces, todavía ¿quieres que te pida perdón?
—Oye mi vida, ¿no te importa que me vaya al cine con mis amigos?	—Hoy ni me esperes, me voy con mis cuates.
—Ya hay que pagar cable, cari.	—No has pagado cable, nos lo van a cortar y a ver dónde ves tu pinche futbol.
—No insultes, porque es muy ofensivo.	—¿Me estás insultando, pendejo?

LO QUE DICE	LO QUE ENTIENDE
—El refri está vacío, no hay nada de comer, como que habría que ir al súper, ¿no?	—No mames, ni ir al súper puedes, me cae, no hay nada de tragar en esta pinche casa.
—Yo tengo otro punto de vista.	—Todo lo que yo digo vale madre, nunca estás de acuerdo conmigo.
—¿Ya te vas? Dame un besito.	—¿A qué hora te largas?
—Creo que esta relación no va a ninguna parte, o tomamos terapia o nos separamos.	—Esto ya se fue a la chingada.

☞ *Silencios y pláticas incómodas*

La profesora en antropología Dale Spencer, después de varios estudios y muchos años llegó a la conclusión de que no es posible medir la elocuencia de la mujer comparándola con la de los hombres, sino con el silencio. Imaginemos que estamos en una reunión y los hombres notan que una mujer está hablando mucho, para ellos hablar demasiado no es bueno y si el tema que está tratando la mujer no les gusta, pues peor aún. Para entender mejor esto, dice, pensemos que en una fiesta de adultos la situación y las conversaciones son dominadas por un niño, y así es como los hombres perciben a las mujeres que hablan fuera de un contexto personal, como niñas diciendo estupideces y de ahí la famosa frase misógina de «calladita te ves más bonita», o el proverbio inglés que dice: «*Many women, many words; many geese, many turds*».[18] Y es que una mujer no debería preguntarse: «Pepe, ¿me amará siempre?», sino más bien: «Pepe, ¿me hablará siempre?».

«Mi esposo tiene el gran hábito de no platicar», dice una amiga. Y es que muchas de las esposas quieren hablar, y hacen que sus esposos hablen, acerca de problemas. En contraste, muchos

---

[18] Muchas mujeres, mucho ruido, muchos gansos, mucho excremento.

esposos se agachan al encarar los problemas: «Cuando no me siento bien, prefiero pensar en otra cosa», dice Javier, uno de mis entrevistados para este libro.

El antropólogo Gregory Bateson identificó y nombró como «esquistogénesis complementaria» a esa espiral mutuamente agraviante por la que, cada respuesta de la persona al comportamiento de la otra, provoca una forma divergente más exagerada del comportamiento. La esquistogénesis complementaria comúnmente establece que mujeres y hombres tienen sensibilidades e hipersensibilidades divergentes. Por ejemplo, un hombre que teme perder su libertad se esconde, o no contesta a la primera señal que él interpreta como un intento por «controlarlo», pero rajarse es sólo la señal que pone en marcha las alarmas para la mujer que teme perder el control y entonces intensea peor.

¿Dónde estás? ¿Por qué no me contestas?

En la chamba.

¿A qué hora llegas?

Al rato.

¿Qué tan al rato?

No sé.

(Llamada perdida de ella a él)

¿No sabeees?

Contéstame Diego.

¿Por qué no me contestas?

¿Qué te pasa?

Pélame wey, no manches.

Si no me contestas, esto se acabó.

Ok, se acabó.

Y así, en mil y un intentos de ella por acercarse y obtener respuesta, que agraviarán el temor de él, y su reacción —de rehuir aún más— y que agraviarán más el de ella, y así, en una espiral sin fondo y un círculo vicioso infinito.

☞ El día a día

De acuerdo con el sociólogo y filósofo francés Emile Durkheim —magistralmente descrito en su libro sobre el suicidio—: «El matrimonio pone puertas al campo, es decir, limita el ilimitado campo de acción, da dirección y sentido, pero al mismo tiempo te ata y limita». Y además, la inequidad empieza en casa. Otra razón por la que las diferencias de género son mucho más problemáticas que cualquier otra diferencia transcultural, es por la asignación diaria de labores en la casa y el hogar. Además, con la llegada de los hijos, el mundo construido en la relación de pareja se torna rápidamente más denso, se hace más complejo —sí, también pueden surgir más conflictos—; de hecho, la inconformidad y el desasosiego serían algunos de los efectos nómicos de «sentar cabeza», en la vida matrimonial y de ser padres.

Esto varía de cultura en cultura, pero en sociedades como la mexicana, aun y cuando la mujer trabaje, se sigue encargando del hogar y se dan situaciones como las siguientes:

Esposo: ¿Cuándo estará lista la cena?
Esposa: Como a las ocho. *(Lo dice por decir, porque ella acaba de llegar de trabajar, él lleva una hora y media de haber llegado y de estar echado viendo la tele o jugando Xbox).*

O

Esposo: ¡No hay papel de baño! ¿Qué onda caray?

Esposa: ¿Se acabó? *(O sea qué pedo, yo no soy la nana del papel de baño. ¿Por qué no lo compraste tú? Yo trabajo igual que tú).*

O

Esposo: Ya el bebé se hizo caca.

Esposa: Pues cámbialo.

Puedo pasarme dos libros enteros escribiendo sobre este tipo de diálogos en donde la esposa le responde a su esposo con un tono alto, el cual significa «con eso basta», o con una pregunta que remarca el tono de inconformidad.

Esposo: El niño llora

Esposa: Le puedes preparar la leche tú, ¿no?

Robin Lakoff, la lingüista prionera en temas de lenguaje femenino, dice que las mujeres usualmente contestan una pregunta con un patrón de entonación ascendente en lugar de uno descendente. De esta manera, pueden mostrar su agresividad pasiva, y a veces esta entonación muestra una total desconfianza. Al contrario, a los hombres les gusta usar una entonación descendente para demostrar que están bastante seguros de lo que dicen. La entonación descendente también muestra la confianza y les da poder.

Ella, ascendente: Sí pagaste el cable, ¿verdad?

Él, descendente: ¿Vas a querer coger hoy o no?

No obstante, si nos fijamos bien, creo que lo apunta Berger en el artículo en cuestión: «El divorcio suele producirse no tanto porque el matrimonio deje de ser algo importante para uno o para los dos miembros de la pareja, sino porque se quiere que sea algo taaaaan importante y central en la vida y en el sentido de la vida de las personas, que cuando no es completamente exitoso, cuando fracasa en alguno de los aspectos que se suponía que deberían de ser centrales en nuestras vidas —el amor, el sexo, el bienestar, los hijos, la autorrealización—, no se tolera que sea así y se busca una segunda —o mejor, una nueva— oportunidad. Seguramente la conversación ha fracasado, se ha vuelto aburrida o no ha tenido lugar».

Sea como sea, el matrimonio, la vida en pareja —esa que empieza, según el psiquiatra Aaron T. Beck, cuando se comparte lavadora y hay que lavar los platos, es decir, cuando surgen las discusiones para decidir qué ropa está sucia y si debe de lavarse a 30 o 60 grados—, se convierte en una relación social de naturaleza muy inestable, en la durabilidad de la cual intervienen múltiples factores, pero en el que la conversación, la posibilidad de conversar con la pareja —¿toda una vida?— resulta casi imposible.

12

SEXO O
LA LENGUA QUE TODOS
QUEREMOS HABLAR

Yo no quiero comerme una manzana,
dos veces por semana, sin ganas de comer.
JOAQUÍN SABINA

Si a la vida cotidiana de la pareja le agregamos el tema sexual, que muchas veces en el devenir de la costumbre puede ser complicado, pues la ecuación sale en números rojos.

En la mayoría de los casos se cree que los hombres son los que más tienden a exponer sus fantasías sexuales, o a describir lo que le harían a una mujer en la cama. Sin embargo, no hay nada menos cierto —eso ya se verá en el capítulo de «Amigotes, o mis cuates son a toda madre»—. Pues bien, resulta que no existe una competencia de género establecida sobre quién habla más sobre el sexo. Tanto en hombres como en mujeres ocurre este hecho, pero en formas distintas. De hecho, en un estudio realizado por el diario digital INFOBAE, de Argentina, se da a conocer que cuando se trata de confesiones sexuales, las mujeres revelan mayor cantidad de detalles e intimidades y eso ya se verá en el capítulo: «Amiguitas, o ¡Cállate la boca, no sabes lo que me pasó!».

En una encuesta realizada por la Universidad Estatal de Ohio a 300 personas, entre hombres y mujeres de 18 a 25 años, se demuestra que la mayoría de hombres tiene 19 pensamientos sexuales al día, mientras que las féminas, aproximadamente 10. Incluso hubo mujeres que registraron 140 pensamientos eróticos en un periodo de 14 horas. Sin embargo, las que muestran mayor temor al «qué dirán» son ellas, debido al contexto cultural que consideraba, hasta hace muy poco, una actitud así, como libertina. Por otro lado, un hombre puede llegar a tener 388 pensamientos sexuales en el lapso de 24 horas y piensa en sexo casi igual de lo que piensan en comida, 18 veces por día.

☞ Dirty talking o hablar sucio

Algunas parejas pueden vibrar y moverse al son de las palabras sucias o sexuales, aquellas frases que son icónicas y aluden a los genitales, al placer o a los roles que cada uno tiene en la cama. Animarse a hablar en la cama es hacer uso de un recurso que posee un doble efecto; estimula los sentidos y representa un acto de congruencia con los deseos: «siento y digo», ya que un órgano sexual muy poderoso que una minoría de parejas incluye en la cama es el oído.

Y es que el lenguaje puede ser de lo más sexy, nuestra habla puede encender el motor y excitarlo sexualmente al punto máximo. Escuchar palabras sucias o más bien frases cargadas de elementos que resultan eróticos, estimula la dopamina que enciende la excitación sexual. De acuerdo con la psicóloga Michelle Tea, las palabras correctas en el momento correcto, ya sea por escrito: *sexting* o en el acto sexual, elevan la intensidad de la pasión y la dopamina que hace sentir placer automáticamente.

☞ El grito femenino

Curiosamente, en los últimos estudios resulta que es frecuente que quien tome la iniciativa sea la mujer. Ellas, quienes durante largo tiempo hicieron silencio, comenzaron a decir, a expresar las sensaciones y sentimientos, primero con vergüenza, luego con libertad y audacia. Los primeros sonidos provenían del placer, leves gemidos, y con el paso del tiempo y los avances en materia de género, las mujeres consiguieron que las palabras las representaran en todo tipo de expresión de su mundo propio, incluyendo el sexual. Por otro lado, los hombres tuvieron que adaptarse a los cambios y aceptar que las mujeres podían demandar pasión a través del lenguaje. Por ello se estableció el hablar sucio o *dirty talking,* que en el mismo título lleva el estigma. Y según un estudio llevado a cabo con 180 parejas, por la Universidad de Campinas —Unicamp— de São Paulo, Brasil, lo más común cuando de hablar sucio se trata en orden de frecuencia e importancia, es:

1. Gemir. Volviendo a lo primigenio, 90% de las mujeres dijeron que se excitan mucho con gemidos y suspiros en la habitación. Cuando estás en persona —o incluso por teléfono— y si no sabes qué decir, gime.

2. Suspiros. Si un gemido parece inapropiado se suspira cuando el otro hace algo sexual de alguna forma que te guste. Suspiros de placer, obvio, no de tristeza.

3. Interjecciones. ¡Sí! ¡Mmmm! ¡Oh Dios!, ¡yes! ¡woooow! Las interjecciones se usan como una forma de *rapport* para que el otro sepa que se está disfrutando. Y de ahí el chiste que la diferencia entre la esposa, la novia y la amante es:

   Novia: ¡Ay no! ¡Ay me duele! ¡Ay qué rico!
   Amante: Ahí ahí, sigue sí más, ¡ahí!
   Esposa: Hay que pintar el techo. Hay que esperar. Hay que lavar los platos, antes.

4. Indicaciones. Cuando se trata de indicaciones las cosas se ponen más álgidas, porque tanto a mujeres como a hombres —y sobre todo en los primeros encuentros— nos da vergüenza indicarle al otro algo y, peor aún, decir que hace sexo oral mal o que ella no hace un buen *handjob*. Una amiga decía; «No es una Chupachup, la vagina no es una Chupachup, ¿cómo se lo digo?». Mientras que otro amigo, comentaba sobre su novia: «¡No sé cómo decirle que el pene no es jabón, no se gasta!». Por ello es más común indicar que algo sí se siente bien, conectarse con la sensación, decir: «eso me gusta», «así», «justo», «más», «no pares», «sigue», «eso me excita», etcétera.

5. Narraciones. «¿Dónde me estás tocando?». «Me encanta cuando me tocas así». «Hazlo como la otra vez». «¿Qué me estás haciendo que se siente tan rico?». «¿Qué es lo que más te excita en tu vida?».

6. *Dirty as it can be.* Lo menos común es lo más fuerte, los juegos de roles. «Tú eres mi puta», «Yo soy tu esclavo», «Cállate», «Haz lo que te digo», «Obedéceme, perra», son frases que aun siendo consensuadas pueden caer en lo inusual y en los límites, sobre todo ahora que se procura reducir los actos de violencia contra la mujer. Los hombres proverbialmente han usado y gustan de oír este tipo de subtextos —por eso la existencia de *hotlines*—, mientras que las mujeres, durante mucho tiempo, lo sentían como algo ajeno que sólo proferían las prostitutas y las «chicas malas». Sin embargo, a últimas fechas esto ha cambiado —sobre todo en la generación millenial—. Y así, en una encuesta realizada por la publicación *The New Yorker,* se concebía que mientras la mujer tenga un mejor y mayor nivel educativo, empresarial, salarial y de toma de decisiones, más le gusta ser sumisa y experimentar roles en la cama y por tanto hablar y que le hablen sucio.

Y aquí viene al caso una cita de la película *Disclosure* —*Acoso sexual* (1994)— dirigida por Barry Levinson y escrita por Michael Crichton, dicha por Meredith Johnson —en la voz de Demi Moore—, cuando se le acusa de haber seducido a su colega Tom Sanders —interpretado por Michael Douglas—:

Me quieren poner en tela de juicio ¿verdad? Por lo menos seamos sinceros y confesemos qué buscamos con esto. Soy una mujer sexualmente agresiva, sí. Y me gusta serlo. Pero es la misma pinche historia desde el principio de los tiempos. Queremos que las mujeres hagan el trabajo de los hombres, que ganen lo que gana un hombre y que decidan como los hombres, pero después vayan como señoritas «con su paraguas y recogiéndose las enaguas» y se dejen coger de misionero como hace cien años. Bueno, pues no. No gracias.[19]

☞ *Hablar sin cansar*

En el sexo es el cuerpo el que habla y tiene el protagonismo supremo. Todo lo que se diga debe acompañar en forma equilibrada el accionar erótico. Así, las palabras pueden incluir emociones, fantasías, tips para el compañero, el pedir o el preguntar. El secreto está en cómo se dice y cuánto se dice. Como diría Roland Barthes en *Fragmentos de un discurso amoroso*:

> El lenguaje es una piel: yo froto mi lenguaje contra el otro. Es como si tuviera palabras a guisa de dedos, o dedos en la punta de mis palabras. Mi lenguaje tiembla de deseo. La emoción proviene de un doble contacto: por una parte, toda una actividad discursiva viene a realizar discretamente, indirectamente, un significado único, que es «yo te deseo», y lo libera, lo alimenta, lo ramifica, lo hace estallar —el lenguaje goza tocándose a sí mismo—; por otra parte, envuelvo al otro en mis palabras, lo acaricio, lo mimo, converso acerca de estos mimos, me desvivo por hacer durar el comentario al que someto la relación.

☞ *Perfiles de hablantes*

Pero en el sexo, como en todo, los sexos y el género no son definitorios. Los hombres histéricos hablan mucho y hacen poco, los narcisistas pareciera que se autoestimulan con sus halagos y los miedosos, antes de decir, preguntan. Las mujeres histéricas

---

[19] La traducción es de la autora.

usan frases fuertes para impactar y complacer, basándose en la idea de que «todo hombre necesita una mujer a sus pies»; las sumisas, en cambio, más pasivas en la cama, se dejan dominar por las frases y acciones de los hombres. En síntesis, los perfiles de personalidad también se muestran en la cama. Hay personas que no saben jugar con las fantasías y las confunden con datos reales. Y no es raro que pregunten: «¿Y con quién hiciste eso?».

Después del orgasmo comienza otra etapa: los cuerpos se relajan y las palabras vuelven al marco de lo cotidiano —«Pero el lunes al café del desayuno, vuelve la guerra fría, y al cielo de tu boca el purgatorio, y al dormitorio el pan de cada día», diría Sabina—. La mayoría de las parejas consuetudinarias —según el informe citado de INFOBAE— se quejan de lo poco que se habla después del orgasmo, como si todo terminara con el gemido del clímax y adiós, a la chingada, a dormir.

13

AMIGUITAS O
¡CÁLLATE LA BOCA,
NO SABES
LO QUE ME PASÓ!

Hay un hecho ineludible que he repetido en este libro: los hombres hablan de cosas y las mujeres de personas. Cuando las mujeres se juntan —a veces más, a veces menos, dependiendo de su educación, de su ocupación, de su sustrato— hablan en términos generales, de estos temas, por orden:

1. Personas —otras mujeres.
2. Sus relaciones —marido, novio, padres, hijos.
3. Sexo y dinero.
4. Salud, belleza, dietas, moda y esas cosas.

Asimismo, y, a decir verdad, las mujeres se cuentan todo. Verdad o mentira, según el grado de sinceridad que tengan las unas con las otras, hablan, de todo y mucho. Se ha comprobado científicamente que en las reuniones de puras mujeres se habla mucho más que en las de puros hombres —cosa que vamos a ver en el capítulo siguiente.

☞ *Si nos interrumpimos, hablamos todas*

Tú tienes una ventaja, querida. Si yo quiero decir algo,
tengo que esperar hasta que nadie esté hablando.
Pero tú puedes decir lo que quieras, cuando se te ocurra.
GROUCHO MARX

Pero no sólo hablan mucho, hablan de muchos temas y tratan al mismo tiempo de conservar la relación de igualdad, de unificar, o sea, «de quedar bien», y al mismo tiempo —y de forma paradójica— no les importa interrumpirse y sobreponerse en sus comentarios. Deborah Tannen, la escritora, lo dice así: «Muchas mujeres, cuando hablan entre ellas en situaciones que son casuales, amistosas, y enfocadas a la compenetración, usan solapes cooperativos: son dominantes, agresivas, hablan una con otra para demostrar participación y apoyo, sus comentarios se sobreponen unos con otros, y a la vez son condescendientes, empáticas, buscan el consenso y la concordia y tratan de evitar el conflicto». Por otro lado, se muestran siempre comprensivas y conciliadoras —aunque después, a solas, no estén de acuerdo y se contradigan.

La folklorista Susan Kalcik fue una de las primeras en observar el uso del traslape en conversaciones al grabar a un grupo de mujeres. Encontró que, en el caso de los hombres, si uno está hablando, los demás prestan —o no prestan— atención, en silencio; pero las mujeres hablan tanto como los hombres durante periodos donde se oye más de una voz al mismo tiempo. En sus grabaciones, ellos fueron más cautos, dijeron menos palabras y no hablaron al mismo tiempo; mientras que ellas sostuvieron un rol conversacional, solapándose sin exhibir —o reportar— resentimiento al ser interrumpidas y, al mismo tiempo, fueron más aduladoras y trataron siempre de no comprometerse. Y aquí viene a bien citar parte de la canción de Joaquín Sabina: «Como te digo una co', te digo la o'», en donde se oye la conversación monológica de una mujer de clase media alta con su amiga Azucena en la playa, en la España de los noventa, algo que podría traducirse a México o a cualquier otro país de Latinoamérica sin problema, ya que es muy prototípica:

¿Y tú cómo vas?
Tienes mala cara,
no me digas más,
si yo te contara...
Falleció mi suegro,
me operé del quiste,
¿tú me ves más triste?

Y me doy con un canto en los dientes
porque a la presente,
y, cruzando los dedos,
lo puedo contar,
aunque, gracias a Dios,
yo no soy creyente,
con lo que una ha visto,
y que Dios me perdone,
no hay que ser muy lista.
Porque, en España, aunque le pongas pegas,
sabemos vivir.
Sólo en Antón Martín
hay más bares que en toda Noruega.
Por cierto, el marisco
ni comparación.
Te cuento la cena:
los dos matrimonios,
Francisco, mi Antonio,
la Almudena y yo.
Hija, a la Almudena
la vi de estropea,
de mí para ti
que está mal follaá.
porque, la verdad,
guapa nunca ha sido,
pero, ese vestido
como de almacenes Arias,
iba de ordinaria,
pero a lo que vamos
¿que dónde cenamos?
en casa Tomás,
¡eh!, de bote en bote,
pagamos a escote,
un kilo de gambas

con su Paternina,
su buena propina,
pacharán y puro
¿cuánto nos cobraron?
no llegó a dos mil duros,
tú dirás si es caro
y ¿frescas? de puerto de mar.
Y ¿limpio? con decir Tomás,
oye, que era lunes y había que esperar.
¡Joder con la crisis!,
¿dónde está la crisis?
Y es que hay que saber saberse administrar.
¡Qué cansada estoy!
Hoy, mi siestecita,
nadie me la quita,
y, si no pego el ojo,
o pongo en remojo
unas lentejitas,
o me quedo frita
lee que te lee.
¡Uy, las dos y veinte!
qué charla te he dao,
hoy sí me he pasao,
mañana hablas tú,
como siempre te callas...
Ven acá pacá, Borja, la toalla,
¿qué te has hecho en la frente?
¿Tú has visto qué cruz?
Bueno, Ana María
bésame a Vicente.
Carretera y manta,
lo que es otro día
nos traemos del súper las Fantas...

En ese fragmento de diálogo nos enteramos de todo lo que hace, piensa, siente y cree, la mujer, en pocos minutos; desde la comida, la dieta, los viajes, hasta las consecuencias de lo mismo. Es un buen ejemplo de cómo las mujeres hablan de sus cosas cuando están entre ellas, mientras que, en cambio, cuando hay grupos mixtos, más bien se habla de cosas generales.

En un estudio realizado por la Universidad Complutense de Madrid, se observó que cuando chavos y chavas platicaron juntos, más o menos hablaron de la misma forma que como los hombres platicaron cuando no había mujeres presentes: deporte, noticias, actualidad, en fin, varios temas. Pero cuando las chavas se juntaron sin los hombres, platicaron sólo de sus cosas, además fueron más explícitas en todas las cuestiones, por ejemplo, las sexuales. En el rollo del sexo, los hombres pueden blofear o hablar de su virilidad, pero no entran en detalles precisos; en cambio, las mujeres, sí: «Las mujeres dialogan con otras de aspectos relacionados más con lo sexual de forma explícita», tal como indica el psicólogo y sexólogo Andrés Caro Berta.

Este es un diálogo prototípico, que transcribo:

—Oye, ¿te fijaste lo gorda que está Diana?

—¡No manches, y qué tal que Mariana se operó las chichis!

—¡No inventes, le quedaron fatal! ¡Enormes!

—Oye y yo ya empecé la dieta porque tengo cinco kilitos de más que no he podido bajar desde las vacaciones, que me fui a Acapulco.

—Es que ¡qué tragadera, amiga!

—Sí, vamos a empezar la dieta de cero «carbs», que es súperefectiva, Rául y yo.

—¡Ay!, dile a mi marido, que no ha podido bajar de peso y obvio por eso, ya sabrás la panzota y pues nunca tenemos onda.

—¿De verdad? En cambio, el mío no me lo puedo sacar de encima, amiga. Es un enfermo del sexo.

—Pero qué a ti ya no te gusta ¿o qué?

—Ay sí, pero no tanto, yo a veces le digo que mejor se la jale en el baño.

—Ay chicas, yo qué les digo con novio nuevo, «incre».

—¿Muy bien? Cuéntanos.

—Wey, es que es buenísimo en la cama, y tiene un asuntazo.

—Woooe, qué bien y ¿sexo oral?

—Muy bien.

—Es que no hay como que hagan sexo oral bien.

—Sí, justo yo por eso me depilé permanente la zona del bikini.

—Y hablando de depilación, me voy a hacer las cejas, tatuadas una por una.

—Oye ¡qué bien! Y ¿no es carísimo?

—Masomenos, ocho mil pero ni modo, no tengo cejas. Por cierto, me encontré ahí a Karla con su marido. ¡Qué guapo es!

—Guapísimo, y no has visto a su hermano, Rodrigo, es máaas guapo, yo salí con él.

—¿El hermano de Toño?

—Sí.

—No sabía que estaba divorciado.

—Sí, me salió en Tinder, y no sabes qué cosa.

—Y ¿luego?

—Jamás me volvió a marcar...

—Pinches hombres, todos son iguales.

—«Todos los hombres son peores», dice mi tía Luzma.

—Todos.

Una cosa que las mujeres valoran mucho es el hecho de que sus amigas les cuenten todo, si no se los cuentan, se sienten traicionadas, como lo platiqué en el capítulo de adolescentes.

—¿Por qué Katy no nos contó que tenía problemas con su marido? ¡Qué mala onda!

En un grupo de amigas, se considera que todas deben de ser participativas y que, si algunas dicen su sentir y sus confidencias, las demás también tienen que hacerlo. Así, a través de la complicidad, se generan en las mujeres los lazos de amistad.

☞ *Más allá de los temas*

Más allá de los temas que se tocan entre mujeres, hay otras características de su lenguaje más formales que lo hacen diferente. Aparte de que las mujeres tenemos la voz más aguda, que hablamos más quedo, y de que usamos más la entonación —es decir el tono fresa, es más fresa en mujeres, y el tono popular o de barrio, es también más fuerte en ellas que en los hombres—, las mujeres tenemos otras características verbales que son marcadores de género, que de acuerdo con Lakoff, Tannen, Janet Holmes, Crawford y Angela Ardington resumí en la siguiente lista:[20]

- El uso de adverbios de intensidad: «Es sumamente interesante, ¿no?».
- Cláusulas calificativas: «Como si tal cosa», «Algo así como...», «Fuimos tipo a las diez».
- Referencias emocionales: «La verdad me sentí muy mal», «Me hizo enojar y hasta lloré».
- Uso de oraciones más largas: «Creo que no se va a poder, porque tú sabes cómo es él de sentido».
- Uso de adverbios de inicio: «A pesar del tráfico, llegué», «Despuesito me fui a pintar el pelo».
- Incertidumbre: «No sé bien, me preocupa muchísimo». «Supongo que ya no vino», «No sé qué hacer».
- Dar rodeos: «No exactamente, más o menos, es algo así pero...», «No es nada bonita».
- Negación: «Un poco más, ¿no?», «No te gusta el vino, ¿verdad?».
- Uso de opuestos simultáneos: «La vi muy estresada, pero se notaba contenta», «Está medio flaca, pero tiene buen cuerpo».

---

[20] Consultar bibliografía.

- Preguntas seguidas: «¿Me veo gorda con esto?, ¿mejor me pongo otra blusa, no?», «¿Quedó bien el arroz?».

- Uso de muchas palabras muy dulces como: «porfavorcito», «plis», «mil gracias», «¡qué amor!».

- Incluso usan términos aún más gentiles en múltiples modalidades como: «Ay, no sé si me puedas hacer un favorcito, qué pena caray, ¿no te quito mucho tiempo?».

- Uso de preguntas después de una afirmación: «Está bonito, ¿no?», «Sí vas a la fiesta ¿verdad?».

- Uso de más intensificadores que los hombres: «¡No sabes qué delicia!».

- Uso de un mayor número de adjetivos: «súperbuenaonda e ¡hiperarchicool!».

- Uso de adjetivos «vacíos», como «oye», «wooow», «ah», «okei», «ps sí», etcétera, que no son parte de la oración, sólo se dicen para interactuar. Es bien sabido que un adjetivo define al sustantivo, pero es difícil identificar el verdadero significado de estos adjetivos «vacíos», que quedan implícitos, porque en realidad, su única función es hacer afectiva durante la conversación.

- Uso de más eufemismos: «Tenía una bubi medio chueca», «Es rechonchita, pero bonita de cara».

- Uso de «atenuadores verbales», también llamados «marcadores pragmáticos», para subrayar su educación y muchas veces atenuar el impacto, como el: «¿sabes?», «¿me explico?», como una muestra de conciliación o de reafirmación.

☞ *Malas palabras*

Se cree que por el hecho de que las mujeres tenían la responsabilidad de los niños, la familia, la casa y el hogar, la sociedad puso sobre ellas un yugo —como tantos otros— por lo que siempre «debían» hablar adecuadamente y no usar malas palabras. Yo todavía recuerdo a papás de mis amigas, diciéndole al hermano: «No hables así que hay mujeres presentes».

A lo largo de la historia, el hombre siempre tuvo una mayor libertad que la mujer, por lo tanto, tenía más independencia. Por supuesto, hoy en día la situación es muy distinta, pero sigue habiendo restos de eso. Cuando un hombre dice algo, no necesita la confirmación o referencia de alguien, ellos sólo informan lo que saben o han oído; las mujeres, en cambio, utilizan las citas directas para hablar: «María me dijo que había oído a Juanpa». Esto pasa por una falta de confianza en su propio discurso y por no querer tener la responsabilidad de sus propias palabras —en el ejemplo, María sería la culpable, porque fue ella quien lo dijo—. También era común no hace mucho tiempo, que sólo los hombres pudieran decir malas palabras, ahora las mujeres las dicen, pero son diferentes y se usan de forma distinta:

Según un estudio generado por *El Chingonario*,[21] en la Ciudad de México, las malas palabras más utilizadas entre las mujeres son:

- *Pendeja, puta, pinche vieja*, etcétera, siempre refiriéndose a otras mujeres.
- *Babosa, loca, tonta*, etcétera, refiriéndose a otras mujeres o a ellas mismas.
- «Ojalá que te pudras», «No te deseo mal pero ojalá que te...» y otras maldiciones por el estilo.
- *Cabrón, ojete, malaonda, pinchewey*, etcétera, referido a los hombres.
- Hay muy pocas interjecciones, y las que usan son muy suavizadas; en general dicen: «¡Ah caray!» que, «¡Ah qué la chingada!», que lo usan más los hombres.

---

[21] *El Chingonario*, publicado por Selector y Editorial Algarabía, México, 2017.

☞ *Lenguaje indirecto y otros males de mil siglos de opresión*

Algunos científicos piensan que las mujeres utilizan mucho el lenguaje indirecto, esto quiere decir que no dicen directamente «vamos al cine», sino que utilizan modos alternos: «¿Qué películas hay en cartelera?», «¿Estará buena?» «¿No se te antojan unos taquitos?» Sobre esto, la actriz australiana Naomi Watts escribió: «Algunos dicen que las niñas aprenden a hablar de esta forma porque decir "yo quiero" así como así, aún se siente descortés e inapropiado en voz femenina, mientras que en el caso de los hombres es todo lo contrario, ellos expresan lo que quieren sin ningún rodeo».

Por otro lado, quizá porque la mujer fue recolectora o porque estuvo mucho tiempo en el ámbito doméstico —haciendo labores, cocinando, etcétera—, logra poseer muchas «distinciones léxicas» o matices de palabras en campos específicos como el color, por ejemplo: términos como magenta, malva, marrasquino, turquesa, fiusha, marrón, beige, etcétera; así como la profusión de adjetivos valorativos positivos como adorable, encantador, divino, lindísimo, monísimo; yo creo que si un hombre los posee, los usa y si te dice: «¡Qué divina tu pashmina malva!» es porque seguramente es gay.

Lo mismo ocurriría con todos los elementos que sirven para dar énfasis, como diminutivos y superlativos. En un estudio que hice para la maestría en lingüística, sobre *El uso del posesivo en el habla popular y media mexicana*, se les preguntó a varias madres por qué utilizaban el diminutivo en expresiones como: «A mí niño le duele su ojito» o «Le duele su ojito al niño», y las mujeres contestaron:

—Porque es niño, porque está chiquito. Ni modo que diga, brazo, es «su bracito».

Y así encontramos casos como los de la mamá diciéndole al niño:

—Mijito, cómete tu huevito con sus frijolitos y sus totopitos.

O

—¿Qué raro que me sienta mal de la panza si sólo me comí un pozolito y tres tostaditas.

O

—Esos tres tequilitas me dieron en la madre, ¡qué pinche cruda!

En el caso de los términos lingüísticos que se usan para «evadir», es decir para disminuir el impacto de un enunciado o suavizar una idea, las mujeres tienden a usar muchos: «parece ser», «tiende a», «creo, yo», «pienso que». Por lo general, estas palabras evasivas son expresadas con adjetivos o adverbios. Una oración evasiva se parece a un eufemismo: sustituye palabras ofensivas o duras. Y, como ya dijimos, son las mujeres quienes ocupan más este tipo de construcciones: bubis, pompis, no manches —en lugar de no mames—, «¡Ah qué la fregada!» —en lugar de «¡Ah qué la chingada!».

☞ *Humor no tan humor*

Con respecto al humor es posible observar que las personas están acostumbradas a que los hombres bromeen y hagan chistes, mientras que consideran normal que las mujeres no lo hagan o lo hagan mucho menos. Por ello, se considera que la falta de humor de la mujer es un rasgo de su lenguaje, algo que es casi idiosincrático. Se piensa que los hombres pasan de un tema a otro, cuentan anécdotas y bromean, pero la mujer casi nunca cuenta chistes o es graciosa; cuando una mujer es entretenida y chistosa se considera más masculina y como ejemplo ahí están las *standuperas* y comediantes, como Chelsea Handler, Amy Poheler, Sofía Niño de Rivera, Tina Fey; o hasta la misma Elaine de *Seinfeld*, interpretada por Julia Louis-Dreyfus, que justo no son vistas como muy femeninas o sexis, porque hay en ellas mucho de masculino, de marimachas, de hombrunas.

14

AMIGOTES O
¡MIS CUATES
SON A TODA MADRE!

☞ *Mentiras*

Ella: ¿Por qué llegaste tan tarde?

Él: Se me hizo tarde en la chamba.

Ella: ¿Y por qué hueles a alcohol?

Él: ¡Ah!, sí, es que me eché una copa con Guillermo.

Ella: ¿Pero vienes de la copa o del bar con Guillermo?

Él: O sea del bar.

Ella: ¿Entonces no se te hizo tarde en la chamba?

Él: Sí se me hizo tarde y además fui al bar y ya no quiero seguir hablando de esto.

O sea, volvemos al tema, los hombres dicen mentiras, las dicen mal y casi siempre —por no decir siempre—, las mujeres los cachan.

Los hombres, como ya dije en el apartado sobre la vida en pareja, son cortos en su discurso; no solamente tiene que ver con sus sentimientos, sino con enfrentar cualquier situación difícil o engorrosa. Las mujeres son más perspicaces y por eso siempre caen. Un poco como niños chiquitos, tiro la pelota y escondo la mano. Los hombres mienten —tanto a las mujeres como a otros hombres— por diferentes razones, algunas de ellas un poco inmaduras:

- Para levantar su ego y sentirse importantes. «Mi jefe me ascendió por mis méritos», «Me hablaron del banco para darme una tarjeta Black Supergold», «Ya me está saliendo pelo nuevo con el champú del Tío Nacho, ve».
- Para conseguir sexo. «Amor, te amo, plis dame una prueba de que tú también», «Sí, somos novios», «Me encantaste desde que te vi entrar, eras la más guapa del bar».

- Para poder tener tiempo libre. «Hoy voy a trabajar hasta tarde, si no oigo el celular es que no llega la señal», «Mejor ve tú sola, mi vida, tu tía Gertrudis es lindísima, pero no me soporta», «Duérmete temprano, amor, yo me siento mal y no voy a salir».

- Para no herir a una mujer. «Te juro que te ves súperflaca con ese vestido», «Te quedó rico el caldito de pollo, un poco saladito, pero delicioso», «¿Qué te pasa? No has engordado tanto».

- Para reafirmar su seguridad. «La semana que viene voy a Nueva York de negocios», «Yo sólo viajo en primera».

- Para evitar un conflicto. «No, si a mí tu hermana me cae perfecto», «No, mi amor, no me molesta que tu papá se tome todo mi Bacardí, luego compro más».

- Para mantener el control. «Lo mejor es que tú no trabajes y te quedes con los niños, están chiquitos y te necesitan», «Mejor yo compro los vinos, mi amor, pa' que tú no tengas que salir», «Tú manejas muy bien en la carretera, pero estás cansada, mejor manejo yo, cariño».

☞ *Sus temas favoritos*

De acuerdo con el sitio Askmen.com y con James Pennebaker, psicólogo de la Universidad de Texas, hay dos temas clásicos y vertebrales en las conversaciones de los hombres: los deportes y el sexo, que se mezclan con otros, de la siguiente manera:

- Del trabajo. Sus logros profesionales o económicos, ya que es un tema que tiene hechos y objetivos y que además es de naturaleza competitiva *per se*. También hablan de negocios, de política, de preferencia.

- De lo difíciles que son las mujeres. Que para ellos son muy complicadas, que le dan muchas vueltas a todos los asuntos. Que, por un lado, quieren igualdad, pero se enojan si no eres caballero, o no le pagas la cuenta de la cena. Que se enojan de todo, etcétera.

- De cómo estuvo el sexo y punto. Los hombres, a diferencia de lo que vimos de las mujeres, no ahondan en detalles cuando cuentan sobre una relación, sólo si estuvo bien o mal. Cuando se juntan, hablan de sus hazañas y éxitos sexuales, de quién liga más, de quién aguanta más, quién anda con la más guapa, quién la tiene más grande. Presumen si andan con mujeres más jóvenes o más guapas; pero no describen a sus parejas o sus conquistas como gordas o no tan flacas, ese tópico ni existe. Posiblemente hablen de la actitud, si la mujer es entrona, es abierta, si le gusta tal o cual cosa. Pero tampoco nadie pregunta mucho, ni nadie relata pormenores sobre qué hace con su pareja en la cama. «En la cama nos va increíble», puede ser todo el comentario que un hombre haga sobre el asunto, y los demás lo entenderán como una explicación absolutamente suficiente.

- Jugando a hablar. Como *Homo ludens*, el sexo masculino lleva por mucho la delantera sobre el femenino. Por eso los temas de conversación versan muchas veces sobre el juego —los deportes a la cabeza—, si tu equipo perdió y el mío ganó, si eres americanista o de las Chivas, lo que redunda en bromas, en *bullying* y en juegos: «Sí, ódiame más, pinche chivita mariquita». También son temas los autos, los videojuegos, la tecnología y la política, que pueden requerirles mucho tiempo y entretenerles al máximo.

- Quejas sutiles. Los hombres hablan poco de su relación de pareja porque eso supone abrirse, entrar en definiciones sentimentales que no es algo con lo que ellos se sientan cómodos. Demasiado estrés les supone mantener una relación en paz, como para encima tener que platicarlo a fondo con sus amigos. «De lo que siento, hablo con mi mujer. A ella le digo que la quiero, le hago el amor, se lo expreso... No tengo por qué decírselo a mis cuates, para nada».

—Y con la güera, ¿todo bien?
—Sí, todo bien.

Para hablar de pasiones, de sentimientos, tienen los fanatismos: el equipo de futbol, los coches e, inclusive, la política o la posición ideológica sobre aspectos como el país, la sociedad o el mundo.

Ahora bien, muchas veces se quejan de la mujer, de forma superficial y sin ahondar mucho:

—Nunca está de buenas, no hay chile que le acomode.
—Es medio mocha y nunca quiere coger.
—Ya me la hizo de pedo otra vez.
—Pinches viejas, de todo se quejan.

Y cosas por el estilo.

Pennebaker afirma que cuando los hombres se van haciendo mayores decae a veces su interés por el deporte y las conversaciones sobre sexo se hacen más prudentes. El foco de las bromas sexuales se aparta de las historias fantaseadas en la adolescencia sobre éxitos y excesos y la sensación de no haber satisfecho esos deseos de juventud se convierte en algo incómodo de compartir. En su lugar se bromea y se hacen chistes cómodamente impersonales sobre impotencia, prostitutas, homosexualidad y achaques.

☞ Forma de hablar

En aspectos más de forma que de fondo, los hombres tienen un estilo más conciso y diferente al de las mujeres. Le dan menos vueltas. Por eso ese chiste que dice:

Hombre: Cogemos.

Mujer: ¿En tu departamento o en el mío?

Hombre: ¡Ay!, mira, si es tanto pedo, mejor olvídalo.

En este sentido, hay características muy resaltables en el lenguaje masculino, como:

- El uso de referencias cuantitativas: «Está como a 40 kilómetros», «Bajé diez gramos».
- Los adjetivos que usan más bien son de juicio y muy concisos: «Su desempeño es muy pobre», «No entiende nada».
- Dar órdenes: «Apaga la tele», «Siéntate bien».
- El uso de términos de ubicación: «Quítala de la mesa y ponla en el librero».
- Sus oraciones son más cortas: «Está perfecto y ¿ahora qué?».
- Referencias a ellos mismos: «Estoy totalmente de acuerdo», «Me parece perfecto», «No me gusta».
- El uso de más *slang* o caló: «Es un pedo, wei, así no se puede», «Que se moche, cabrón», «Hay que pagar de cachetito», «Sacatito pa'l conejito».
- El decir más leperadas o palabras altisonantes: «Te pasas de verga, cabrón», «No pinchesmames».
- El menor uso de intensificadores: «Normal», «X», «Me vale», «Ni bien ni mal».
- El uso de pocos adjetivos: «—¿Está bonita? —No».

☞ Chistes y apodos

—¿Te sabes el chiste del pollito sano y el pollito enfermo?

—No.

—Que tuvieron que matar al pollito sano, pa' hacerle caldito de pollo al pollito enfermo.

Contar chistes, como lo decíamos en un capítulo anterior, es mucho más de hombres que de mujeres. En muchas reuniones, algunos hombres muestran su popularidad, su ingenio o su gracia, contando chistes. Isaac Asimov, el gran escritor norteamericano que era un sabio, que escribió sobre ciencia ficción, ciencia, historia, astronomía y mil temas más, dice en su libro *Un tesoro sobre el humor*, que lo que más le gustaba cuando estaba en una reunión era «contar chistes», que con eso se relajaba y se sentía como pez en el agua.

Freud, en su libro *El chiste y su relación con el inconsciente*, alude al uso del chiste como algo masculino, en el que se libera el inconsciente, y por lo tanto te hace sentir bien: «Llamaremos chiste, en general a toda provocación consciente y hábil de la comicidad, sea ésta de la intuición o de la situación, es decir "un juicio que juega", que siempre surge de la memoria y de la relación espontánea de un tema con otro». Freud piensa que lo que busca el chiste es reelaborar elementos inconscientes para que nos generen estados de conciencia placenteros; ésta es la razón de que los elementos del chiste sean siempre parecidos: sexo, situaciones imposibles o chocantes, absurdos, juegos de palabras, etcétera. Y agrega: «El chiste, no obstante, es un placer social, lo que significa que necesita de la comunicación para que nos produzca placer; aunque nos podamos reír de un chiste sólo en nuestra imaginación siempre necesitamos tener presente la figura de un interlocutor».

Y en este sentido, podríamos afirmar que es un placer social más masculino que femenino, una manera de lucirse, porque hagan ustedes cuentas: ¿a cuántas mujeres conocen que cuenten chistes? —yo soy una de ellas 👧 — y compárenlo con los hombres que hacen lo mismo.

También, como ya dijimos, los hombres suelen bromear con sus amigos, todo el tiempo, ponen apodos —como el de «El Balderas», porque está entre Juárez y Cuauhtémoc, o el de «El Pulque», porque es blanco y baboso, y como el de «El Salmón», que viene de muy lejos nomás a echar la hueva—. Es mucho más común que un hombre ponga apodos, que una mujer, y lo mismo que haga bromas a sus amigos, que se burle de ellos, que resalte sus defectos, que haga alarde de lo que bebe, o lo que aguanta bebiendo, en fin, que recurra a la risa y al doble sentido.

«Pero mira cómo beben Roberto y Rodrigo, pero mira cómo beben Roberto y Rodrigo» —léase con música del villancico de *Los peces en el río*.

☛ *Albureando ando*

Te molesto con el chile, es que me agarra lejos.

Las bromas indirectas, las usan los hombres desde la adolescencia. Son un tipo de comunicación que puede ir de lo divertido a lo jocoso y es como un juego de espejos cruzados donde todo significa algo, pero no lo que parece. Estas bromas indirectas, son características del folklore mexicano y los llamamos albures.

La palabra albur procede del árabe hispánico *albúri*, este del árabe clásico *būrī*, que quiere decir «una carta que se sale del juego», «que salta de la baraja», la cual, a su vez, procede del egipcio *b'r*; y éste del copto *bōre*, que significa «azar». Y es que el albur es un juego de palabras que se sale de lo común y le da otro sentido.

Los albures se realizan con base en alusiones con doble sentido, cuyo resultado da lugar a tergiversaciones al imputar un significado oculto que pone en vergüenza a quien no logra defenderse y, más aún, a quien no capta la alusión. Siempre son de índole sexual y se dan con un juego de palabras que se esconde en oraciones que parecieran inocentes.

Igual que ocurre con las demás expresiones populares, es imposible precisar su origen; sin embargo, su origen suele asociarse como una forma de contraposición a las normas de obediencia y cortesía impuestas por una sociedad colonial, en donde los indios y mestizos empezaron a crear esta especie de «código cifrado» para defenderse de los españoles o peninsulares, burlarse de ellos sin que les entendieran.

Octavio Paz, en *El laberinto de la soledad,* nos dice que el lenguaje del mexicano «está lleno de reticencias, de figuras y alusiones, de puntos suspensivos; en su silencio hay repliegues, matices, nubarrones, arcoíris súbitos, amenazas indescifrables». Y que «en el albur, la agresión es de carácter masculino, simbólico y sexual; y el elemento femenino se ve convertido, de manera también simbólica, en objeto pasivo de uso y abuso. Puede considerarse como juego freudiano, dada su obsesión totalizante por el sexo».

Para realizar un albur se requiere de una gran destreza en el uso de las palabras y el tono del lenguaje, siendo imprescindible la agilidad mental y no es que las mujeres no la tengan, pero simplemente no la usan para ello, no hay tradición, no hay costumbre. Mientras que, en el caso de los hombres, el más alburero es un líder potencial, el caudillo anónimo que pone en su lugar «al más pintado» con el uso de recursos orales del ingenio mismo y, a su vez, quien se defiende sagazmente de quien intenta alburearlo. Es aún mejor maestro el que además de emplearlos con destreza, logra que el receptor no entienda el doble sentido.

Además, también lo dice Paz, «El estudio del albur ha llevado también a que psicólogos intenten desentrañar qué hay detrás del juego de palabras, algo así como una referencia inmediata al homosexualismo, pues el chiste está en "violar", "ultrajar" al otro. Están teñidos de alusiones sexualmente agresivas; el que pierde es poseído, violado, por el otro. Sobre él caen las burlas y escarnios de los espectadores. Así pues, el homosexualismo masculino es tolerado, a condición de que se trate de una violación del agente pasivo», y así es parte del juego, por lo que las mujeres salen sobrando en toda esta escena.

- Donde pongo el ojo, pongo la vara.
- No sacudan tanto el chile, que se riega la semilla.
- Te cabe toda la razón. Tienes toda la razón adentro.
- ¿Te gusta pasear en lancha?
- ¿A ti te gustan las pellizcadas de chorizo?

☞ *Cariño pasado por alcohol*

Por último, es importante que los hombres expresen afecto entre ellos, sólo en situaciones extremas. Esto les conecta con una parte que generalmente no saben manejar, sólo cuando hay alcohol de por medio puede haber exaltación de la amistad:

—No mames wey, yo te quiero un chingo.

—Me cae que tú sí eres mi carnal, cabrón.

—Eres un chingón, me cae, mai.

—Te adoro, pinche compadre.

15

DISCURSO PÚBLICO O ENTRE «ZORROS» Y «ZORRAS»

Niveles de miedo:

1. El password es incorrecto.
2. No me ha bajado.
3. No encuentro mi celular.
4. Seis llamadas perdidas de tu pareja.

Tenemos que hablar .

Si hay algún momento de nuestras vidas en las que mujeres y hombres tenemos casi el mismo discurso, es en la separación o el mal de amores. Ya el buen José Alfredo lo dice y lo dice bien: «¿Quién no sabe en esta vida la traición tan conocida que nos deja un mal amor?»; y sí, porque tanto a hombres como a mujeres nos han roto alguna vez el corazón y obvio, nos han dado en la madre. Y es que cuando el «objeto deseado», el «amado» desaparece, el dolor es tal que el pecho nos duele y nos falta la respiración a ambos sexos. Y si no acordémonos de las novelas de Stefan Zweig, Pérez Galdós, Eça de Queiroz o Flaubert y otros en donde las heroínas morían de amor, de tristeza, de pesar, de la rotura de corazón; pero también recordemos a muchos hombres que la han pasado mal como el propio joven Werther de Goethe o aquel que desentierra a la Berenice de Edgar Allan Poe o el mismo doctor Victor Frankestein de Mary Shelley.

Es inevitable, aunque nos cuidemos, aunque andemos a las vivas, a todos tarde o temprano nos llega el momento de sufrir el mal de amores. Ése que nos hace sentirnos abatidos, resentidos, frustrados y furiosos, pero «el que se ríe, se lleva», y el que se mete a enamorarse se arriesga a ser víctima del desamor. «Y quién lo probó, lo sabe», como diría Lope de Vega. Y es que, en el amor, ése que nos hace ver al otro como único, grande y maravilloso, la pérdida es la peor tragedia y la gran calamidad, y nos hace sentirnos en duelo y comportarnos como si tuviéramos síndrome de abstinencia. No en balde dicen que «el amor te pone más idiota que el alcohol y la mota».

Las formas de sacarlo adelante son distintas en el caso de las mujeres al de los hombres, aunque, como decía, ambos sufren por igual. El mal de amores tiene efectos comprobados por los científicos como causantes de depresión química: dejamos de producir endorfinas —ésas que se generan por emociones positivas, o cuando hacemos ejercicio o cuando comemos chocolate u otras drogas— y al no producirlas, nos sentimos muy mal. Cuando el amor falta, cuando no es correspondido, cuando es imposible, el dolor es real, duelen las articulaciones, las piernas se aflojan, se te quita el hambre, te da insomnio.[22]

«Voy al futbol, no lo veo, abro un libro y no lo leo. Como poco, bebo mucho, no puedo dormir», diría Eros Ramazzoti, y Serrat: «Me vienen anchos los pantalones, hablo solo y sufro alucinaciones», a lo que Sabina contestaría: «Me dejó un neceser con agravios, la miel en los labios y escarcha en el pelo». Por eso a muchas mujeres les da por comer helado y chocolates y a muchos hombres por beber o irse con sus amigos de fiesta y perder el sentido, tirarse al vicio, a la perdición, para olvidar. Sí, Sabina de nuevo: «Y fui tan torero, en los callejones del juego y el vino, que ayer el portero me echó del Casino...». Por otro lado, la falta del otro nos convierte a ambos sexos en obsesivos compulsivos de esa persona, de esa falta, la vemos en sueños, en la memoria y en olvido, como diría Alejandro Sanz: «No hago otra cosa que olvidarte».

---

[22] Joseph Bremmer «La psicología del enamoramiento», México: *Algarabía* número 14.

☞ *A cada uno, su sinrazón*

Diversos estudios demuestran que el género masculino y el femenino se sobreponen de forma diferente a un fracaso sentimental. Las mujeres tratan de «hablarlo», hablarlo con su terapeuta, con sus amigas, con sus colegas, con quien sea, pero hablarlo. Freud diría «*the talking cure*». Los hombres son más dados a evadirlo, a tratar de dejarlo pasar, a olvidar con otras, a ponerse a hacer otras cosas pa' no pensar.

Mujer:

—Amiga, no sabes lo mal que estoy, corté con Rodrigo, me muero, no puedo, me siento supermal *(llora y balbucea)* tengo un hoyo en la panza y no he dejado de llorar en toda la noche. No dormí nada. ¿Qué hago?

—Cálmate, amiga, vas a ver que te va a hablar, espérate.

—No creo que me hable, nos dijimos cosas horribles, y le grité y le dije que se fuera y además ya no quiero seguir con él, es un pedote.

—Pero a ver, cuéntame qué pasó...

—Es que yo le reclamé porque... *(bla, bla, bla, bla, bla.)*

Hombre:

—Wey, corté con Mariana.

—¿Te cae, ca? ¿Por qué?

—Me mando a la chingada, por pedo.

—No mames, ¿y?

—Ps, ya ni pedo. ¿Vamos por unas chelas?

A las mujeres les cuesta más al principio; los hombres la tienen más complicada a la larga. Al principio vemos a la mujer obsesionada, que sólo habla de su ex con las amigas y todo aquel que pueda oírla, mientras que el soltero nuevo está convencido de que «a veces gana el que pierde una mujer» y se siente libre y soberano, mostrando que salió casi ileso de este terremoto existencial, disfrutando de su nueva vida. Sí, como ya hemos dicho, si las mujeres hablan más en la intimidad, en el mal de amores también, y buscan más a los hombres al principio. Les mandan mensajes y buscan más la conciliación:

> Plis, contéstame, Pablo, te he hablado mil veces y no me contestas; plis, hay que hablar. Quiero saber qué va a pasar entre nosotros... ¿Qué está pasando? ¿Andas con otra? ¿Ya estás de pedote otra vez? Dime, plis. O ¿qué pasa? ¿De qué se trata?

> *media hora después*: Pablo, plis, ya tiene dos palomitas azules, ya sé que me leíste, por fa, dime algo. Estoy muy mal... Pablo, te quiero, creo que podemos arreglar esto. Por fa.

> Pablo, no puedo más, no paro de llorar, ¡por faaaa!

> No quiero hablar Azucena, luego te busco.

> Plis, ahorita, después ¿cuándo?

> Después... *(bloquea contacto)*

> *(¡Buuuuuuuuuuuuuuuuua! Se suelta a llorar como descosida y va por otro bote de helado al refri y se lo come junto con una botella de mezcal y unos Gummy Bears).*

Después de estos, varios días, la mujer empieza a hacer acopio de sus múltiples recursos: ya sea que inicie un maratón sexual para ponerse al día y quemar los últimos cartuchos —«no son lianas, los hombres no son lianas, no es uno tras otro», le decía mi amigo Beto a mi amiga Lucía que estaba despechada y se cogía lo que podía—; o bien que se ponga a leer libros de autoayuda y a ver películas románticas llorando a mares junto con una bolsa familiar de las del Costco de Cheetos y tres pares de Cocas de dieta, a lo Bridget Jones. O bien que se vea a sí misma sufrir tanto como las protagonistas de las novelas de las hermanas Brontë; que enseguida recurra al psicólogo para entender los porqués de su fracaso amoroso, o que se meta a Tinder donde hay «*plenty of fish*» para ver si pesca algo; o bien que, desengañada del género humano, se haga adicta a los juguetes eróticos, que en poco tiempo y, sin tanto esfuerzo, contenten a su anatomía.

Por su parte, el hombre que no quiere volver a tropezar dos veces con la misma piedra puede, estar deprimido, pero decide decantarse por ver el futbol, por la peda, por las personitas femeninas de bar, por las prostitutas o simplemente por el porno.

Cada persona es un mundo, pero en lo que coinciden numerosos estudios llevados a cabo en los últimos años, es que quien decide —sea hombre o mujer— sale más rápido de la relación y los hombres, lejos de lo que pensábamos, sufren lo mismo en una separación, pero buscan —y encuentran— pareja más rápido.

La última de esas investigaciones, llevada a cabo entre la universidad de Binghamton de Nueva York y la University College London, tuvo como objetivo analizar las diferencias entre los sexos a la hora de superar una ruptura amorosa, y en ella participaron 5705 personas de 96 países. Los resultados, publicados en *Evolutionary Behavioural Sciences*, sugieren que las mujeres reciben un mayor impacto emocional y físico tras la separación; sin embargo, tienden a recuperarse antes que los hombres quienes simplemente siguen adelante pero que quizás nunca logran sobreponerse del todo a la ruptura, o se meten en otra relación mediocre a la larga.

Según Craig Morris, investigador de antropología en Binghamton University y líder del estudio, las diferencias tienen un fundamento biológico: «Durante siglos, las mujeres han tenido más que perder en las relaciones. Un breve encuentro podía desembocar en nueve meses de embarazo, mientras el hombre sólo tenía que alejarse del escenario. El hecho de que las consecuencias de estar con la persona equivocada sean mayores para ellas, hace que las mujeres sean mejores a la hora de aceptar que la relación ha muerto y que hay que buscar una nueva pareja». La teoría de Craig es que las mujeres tienen «más callo», mientras que los hombres son más competitivos y que la pérdida de una pareja puede herirles su orgullo y significar que hay que empezar a «competir» de nuevo para poder reemplazarla.

En general, en el estudio, tanto hombres como mujeres mostraron la misma intensidad de emociones. Por ejemplo, entre las respuestas físicas, el insomnio era el factor más intenso para ambos sexos, y entre las emocionales, el enojo y el despecho. Ellas demostraron una intensidad mayor que los hombres en casi todos los factores de respuesta tras una ruptura, y en lo que se refiere a las emocionales, predominaban la ira, la ansiedad, la depresión, el miedo y la incapacidad para funcionar en el trabajo y los estudios. En cuanto a las respuestas físicas de las féminas predominaban: la náusea o la incapacidad para comer, ataques de pánico, cambios de peso y bajada de la respuesta inmunológica. Ellos, sin embargo, sólo destacaban en dos factores de la respuesta emocional: la pérdida general de concentración y la insensibilidad emocional: «*comfortably numb*», diría Waters.

> Mujer: No puedo más, no como, no duermo, me quiero morir.
> Hombre: Pta, qué pedo, no puedo terminar este pinche reporte, mejor me voy a poner a jugar Xbox.

Otro estudio de la Wake Forest University de North Carolina, publicado en el *Journal of Health and Social Behavior,* obtiene como conclusión que los desengaños amorosos afectan más a la salud mental de los hombres que a la de las mujeres. La explicación a esto no se buscaba aquí en factores biológicos o antropológicos, sino más bien en la forma que tienen ellos de enfrentar los golpes o vicisitudes de la vida, almacenando sus sentimientos; mientras que ellas tratan de airearlos, contarlos a las amigas y contrastarlos con personas que hayan pasado por la misma experiencia. La actitud masculina es pues, más proclive a caer en la adicción al alcohol o a las drogas, como forma de anestesia; mientras que el género femenino tendería más a otros recursos.

La publicación *Psychology Today* subraya estas ideas y apunta otras que contribuyen a reforzar la tesis de que ellos la tienen más difícil tras una separación, ya que, según cuenta esta revista, los efectos positivos de vivir en pareja son más notables en hombres que en mujeres; el divorcio afecta más a la salud y calidad de vida de los hombres —ellas hacen que sus parejas coman mejor, lleven un estilo de vida más sano, y fumen y beban menos— y por tanto ellos tienden a depender más de la pareja y tienen menos formas alternativas de soporte —amigos o familiares— que las mujeres, por eso siempre que un hombre diga que «necesita tiempo» o que «está confundido» es porque ya tiene otra.

El psicólogo español y experto en sexología Iván Rotella, comparte otro punto de vista del problema: «El 70% de las personas que consumen ansiolíticos son mujeres y esto tienen que ver con la emoción. A la mujer se la educa en el tema de las emociones, mientras a los hombres se les ha inculcado a evadirlas: «no demuestres, no llores, tú eres hombrecito», aunque esto cada vez se va notando menos, porque la educación de hoy es menos sexista. Es un hecho que las mujeres tienen más recursos para combatir el sufrimiento porque están habituadas a hablar de sus emociones con sus amigas, que se convierten en su grupo de apoyo. A los hombres les falta esta herramienta.

En otras instancias, la web de contactos elitesingles.com realizó una encuesta entre los usuarios que habían experimentado alguna ruptura sentimental, los hombres superaban en un 25% a las mujeres a la hora de padecer mal de amores tras la separación o, si no lo superaban, simplemente decían superarlo y si lo decían, pues lo creían. Otro dato curioso de este estudio es la forma que tienen ambos sexos de pasar el bache:

Formas de superar la ruptura	Ellas %	Ellos %
Hablar con amigos	78	51
Trabajar más y como loco	41	61
Comer más	20	15
Autocomplacerse	24	29
Ir a terapia	19	14
Tirarse a la party loca	19	24
Vengarse	4	3

En fin, que somos distintos en el silencio y en el discurso del rompimiento, pero no tanto.

16

LA SEPARACIÓN O
EL MAL DE AMORES

Daryl Van Horne —Jack Nicholson—: Veo a los hombres corriendo por ahí, tratando de meter su pito en donde pueden, tratando de hacer que algo pase. Pero son las mujeres las que pueden, ellas son la Fuente, el único Poder: naturaleza, nacimiento, renacimiento. Será un cliché, pero es verdad.

GEORGE MILLER

Un cliché es un cliché —es decir un lugar común— que no por ser un lugar común deja de ser cierto. Las mujeres —lo he dicho ya en este libro— estuvieron fuera del discurso público durante siglos; siempre sometidas al ámbito de lo doméstico, al ámbito de lo privado, en donde no se escribe la historia, y no fue sino a partir de la Segunda Guerra Mundial y, sobre todo, del surgimiento de la píldora anticonceptiva, que empezaron a entrar en el ámbito público, porque antes de ello, como diría la escritora Virginia Woolf: «Durante la mayor parte de la historia, "anónimo" era una mujer...». Y sí, porque la mujer se ocupaba de cocinar, de la crianza, del día a día, por lo cual carecía de historia; en ese sentido —salvo contadas excepciones—, siempre estuvo perdida en las tareas de lo cotidiano, en la fertilidad imparable que la marginó y le prohibió participar, en el acontecer económico, en los medios de producción y, mucho menos, en la guerra.

De manera que, si bien el sexismo de la lengua común muestra el predominio de una visión masculina de la sociedad y de distintos ámbitos de nuestra vida, los rasgos del estereotipo de habla femenina señalan una exclusión de la mujer de la esfera de poder, no sólo porque socialmente no podía ejercerlo, sino también porque no podía expresarlo lingüísticamente.

En las últimas décadas, las mujeres han entrado en el ámbito público, desde la esfera política, científica y económica hasta la ejecutiva, la financiera y muchas más; esto le ha permitido acceder a nuevos retos, llegar a presidenta o a primera ministra o a CEO de una gran corporación, pero no por ello se ha podido erradicar el discurso público, sesgado hacia lo masculino. Éste se deja ver en diferentes indicios: en el tiempo que hablan las mujeres, en el número de interrupciones de las que son objeto, en la atención que se les presta y en cómo son vistas globalmente.

☞ *Interrupciones y carácter laboral*

Durante muchos años se educó a las mujeres para que no hicieran comentarios «fuera de lugar», se les prohibía hablar en público o tener ideas sobre cómo gobernar un país y ni se pensase que llegaran a tener altos rangos en el gobierno. En general, sólo tenían la tarea de desarrollar y mantener las relaciones interpersonales y familiares. Por eso, aún hoy en día, en contextos informales, en donde el estatus no es importante, hay mujeres hablonas o calladas, y hombres hablones o callados, por igual.

Sin embargo, en el discurso público, la evidencia de diversos estudios dice justo lo contrario: las mujeres son interrumpidas más que los hombres en juntas y reuniones de trabajo, se les presta menos atención, se les soslaya y, en muchos casos, su forma de proceder en el ámbito empresarial se considera muy familiar, maternal y poco seria. El hecho de que los hombres interrumpan más a las mujeres en un contexto como el laboral, no se opone al hecho de que las mujeres conversen y platiquen más que los hombres en el contexto social.

Veamos algunos resultados del estudio brasileño de la agencia de encuestas BETC, junto con estudios lingüísticos de la Universidad de Georgetown en Washington:

- Los hombres interrumpen más a las mujeres que a otros hombres, en el trabajo y en general. «Espéreme tantito»,

«No estoy de acuerdo contigo», «Dame oportunidad de terminar».

- Los hombres tienden a obviar las decisiones de las mujeres, o darlas por sentado, o simplemente ignorarlas. «No creo que sea lo mejor», «Mejor hacemos esto y no lo que tú sugieres», «¡Ay!, no, para nada creo que eso nos ayude».

- Los hombres recurren mucho al *mansplaining* —que ya definí en capítulos anteriores—[23] en el trabajo y a dar instrucciones y consejos que no les fueron requeridos. «Deberías de hacerlo en Excell en lugar de Word», «¿Por qué no lo pones en la agenda electrónica en lugar de apuntarlo?», «Llámale y dile que, si no te da la cita, vas a hablar con su jefe».

- Las mujeres son más comunicativas que los hombres en la chamba. «Fíjate que me dijo la de contabilidad...», «Me está dando miedo no poder con tanta chamba».

- Los hombres no tienden a «darle palmaditas en la espalda» a las mujeres, tanto como unas mujeres a otras.

Hombre: Muy bien, Robles.
Mujer: Francisco, te quedó increíble la presentación, qué maravilla, les «en-can-tó».

- Los hombres son más desinhibidos en palabras que las mujeres. «¡Ya terminen con la talacha, cabrones!», «Tienen que acabar en chinga, porque si no nos cortan los huevos».

- Las mujeres hablan más con otras mujeres, que los hombres con otros hombres. «Estuve platicando con Marthita, la "secre" del jefe y...», «Vamos a fumarnos un cigarrito, Moni, y chismeamos».

- Los hombres se sienten más cómodos hablando en público que las mujeres. Hasta el día de hoy, los mejores oradores del mundo han sido hombres: Churchill, Gandhi, Martin Luther King, El Che, Fidel Castro, y sólo unas pocas —por

---

[23] Véase capítulo 9.

la razón ya muy entendida y antes citada— mujeres como Margaret Thatcher o Indira Gandhi.

☞ *Calladita te ves más bonita*

Para saber si siempre las mujeres hablamos más, los estudios se hacen en un contexto exacto y diferente: hombres frente a mujeres y por separado; la escuela, la casa, el trabajo, etcétera.

número de estudios		patrón de diferencia encontrado %
Los hombres hablan más que las mujeres	34	60.8
Las mujeres hablan más que los hombres	2	3.6
Hablan igual	16	28.6
No hay un patrón claro	4	7.0[24]

Como podemos ver, esto es un concepto totalmente falso, las mujeres no hablamos más que los hombres en estancias y contextos públicos, muy por el contrario. La feminista Dale Spencer coincide conmigo en que la gente exagera la cantidad de tiempo que las mujeres hablan, porque como antes nunca hablaban, no se esperaría que ahora lo hicieran. Por ejemplo, si estás en una reunión y los hombres notan que una mujer está hablando mucho, para ellos resulta excesivo, porque es como si en una fiesta de adultos la situación y las conversaciones fueran dominadas por niños. «Niños y mujeres primero, pero pa' callarse», digo yo. Así, la creencia de que las mujeres hablan más que los hombres generalmente va aparejada con la desaprobación. Es algo así como: «¡Pinches viejas, cómo hablan, mejor que se callen!».

Los lingüistas West y Zimmerman comprobaron cómo en conversaciones mixtas en las empresas, muchos hombres eliminan

---

[24] Deborah James and Janice Drakich, «Understanding Gender Differences in Amount of Talk», en Deborah Tannen (ed.), *Gender and Conversational.*

a las mujeres del campo conversacional. La utilización de prolongados turnos de intervención e, incluso, el quebrantamiento del sistema de turnos, con irrupciones que «violan» los derechos de su compañera a mantenerse en el uso exclusivo de la palabra hasta que ella misma lo dé por terminado, son los recursos más empleados para llevar a cabo esta eliminación.

Por su parte, y sobre la base de un análisis detallado de las conversaciones de pares heterosexuales en lugares de trabajo, el sociólogo del lenguaje Joshua Fishman, nota la desproporción de la participación femenina en las conversaciones entre ambos sexos en las que, gracias al empleo de mínimas respuestas estimulantes —por ejemplo: «mmmhmm»—, a la formulación de preguntas y a la atención prestada, las mujeres ayudan a los hombres a desarrollar sus temas pero dejan de generar discursos propios. En cambio, los hombres, para nada colaboran con sus compañeras, de forma que los intentos que ellas hacen para desarrollar sus propios temas rápidamente tienden a quedar fuera de lugar ante la falta de respuesta por parte de ellos. Las interrupciones y el control de los temas señalan con claridad quién es el participante que domina, y que sigue un patrón similar al de pares claramente estratificados, como los de médico-paciente, jefe-empleado, padre-hijo.

Aquí transcribo una de ellas, «basada en hechos reales»:

Guillermo: Tenemos que cambiar la flotilla de camionetas porque hay muchas muy averiadas.

Patricia: Yo creo que no todas.

Guillermo: No todas, pero muchas, me refiero a la flotilla en general.

Patricia: Es que tanto las Ford como las Nissan...

Guillermo: Yo creo que hay que revisar todas, y venderlas o cambiarlas.

Patricia: O arregl...

Guillermo: Toma nota, Ramírez, y empieza con ese tema. Por otro lado, me preocupa el ausentismo y la rotación de personal.

Patricia: A mí también, Guillermo, pero ¿sabes? Ha bajado, gracias a que...

Guillermo: Aunque haya bajado, es un tema que no podemos dejar a un lado.

Patricia: Para nada, pero, lo que hicimos de...

Guillermo: Cuénteme, Ricardo, el número de faltas de este mes y me dice.

Ricardo: Ok, señor.

Patricia: Pero, Guillermo, déjame explicarte lo que hemos hecho para que baje el ausentismo.

Guillermo: Luego me lo explicas, Paty. Sigamos que, si no, nunca vamos a acabar.

☞ *Dime a quién le hablas y te diré quién eres*

En estudios recientes también se ha visto que no es sólo importante si el que habla es hombre o mujer, sino de qué sexo es su interlocutor. De acuerdo con el *Journal of Language and Social Psychology*, tanto hombres como mujeres son más dados a interrumpir cuando hablan con una mujer que cuando hablan con un hombre. Adrienne Hancock, de la George Washington University, hizo un estudio en el que resultó que, durante una conversación de tres minutos, las mujeres sólo interrumpieron a los hombres una vez, pero interrumpieron a otras mujeres 2.8 veces en promedio; mientras que los hombres interrumpieron a su interlocutor hombre dos veces y a su interlocutor mujer 2.6 veces. Esto quizás tiene que ver con algo que en lingüística se conoce como «acomodo de la comunicación», en el que cambias tu código para quedar bien con la otra persona, o para tener más empatía con el interlocutor. O sea «Tú, Perlita, me oyes, a ti Raúl, te escucho». Por otro lado, se vio cómo los hombres que llegan a una reunión de trabajo sin saber quién es el de mayor estatus, lo normal es que se dirijan al hombre más que a la mujer y le cedan la palabra a él.

En el estudio llevado a cabo por Eakins y Eakins en su libro *Verbal Turn-Taking and Exchanges in Faculty Dialogue*, se revela que en el ambiente laboral resultó que los hombres hablan más durante las juntas, en promedio 10.66 segundos por turno, mientras que los turnos de las mujeres duran en promedio seis segundos. Por su parte, Swacker, en su estudio *Speaker Sex: A Sociolinguistic Variable*, nos dice que en las mujeres la conversación se hace buscando empatía, tratando de conectarse con otros y negociar relaciones de trabajo, mientras que para los hombres es una manera de negociar y mantener el estatus o su puesto y su jerarquía.

Interrupciones, falta de atención o falta de apreciación a lo que dicen las mujeres, a sus opiniones, a sus capacidades e incluso un desprecio por la manera en que hablan son una constante en el ámbito laboral. Si una mujer tiene un jefe que es hombre, se puede quejar de que le grita, que es obtuso, que es necio, que es flojo, pero nunca de que es hombre. Sin embargo, si un hombre tiene una jefa que es mujer, se podrá quejar de lo mismo de lo que se queja cualquier subordinado de su jefe, pero aparte se podrá quejar por el simple hecho de que ella sea mujer y le pondrá epítetos como: *bruja, loca, histérica, demente, puta, ninfómana,* entre muchos otros.

☞ *Modelos distintos*

Muchos autores e investigadores coinciden en señalar estas divergencias en el comportamiento conversacional de ambos géneros, pero difieren a la hora de explicarlas. Así, Maltz y Borker se inclinan por una explicación en la que existen dos modelos normativos diferentes de la conversación y afirman que desde que somos adolescentes —como lo vimos en el capítulo correspondiente— los hombres aprenden a usar la lengua para crear y mantener sus jerarquías de dominio; las mujeres, en cambio, crean vínculos horizontales a través de sus palabras y parecen negociar las alianzas y el intercambio. Y en este sentido, Deborah Tannen sugiere que los hombres y mujeres adultos, durante las conversaciones mixtas, no esperan lo mismo de sus interlocutores por provenir de subculturas diferentes que han conformado una concepción distinta de la conversación. La conversación mixta sería un ejemplo equivalente a la comunicación intercultural —es como si hablaran un chino y un peruano—, lo que explicaría por qué los malentendidos y los conflictos son frecuentes.

Si volvemos, por ejemplo, a las respuestas mínimas —«sí, sí», «claro», «ok», «ya», «ah», etcétera—, éstas representarían para las mujeres una manera de asegurarle a su interlocutor que le está prestando atención, mientras que en el caso de los hombres más bien se emplean para manifestar que están de acuerdo con su interlocutor o simplemente para simular que le están haciendo caso. De este modo, si una mujer detecta la ausencia de estas respuestas mínimas, interpretará que no se la está prestando atención —y eso muchos hombres lo saben y por eso nomás contestan por contestar—, mientras que cuando una mujer las usa, el hombre puede llegar a pensar que su interlocutora le da siempre la razón y concluir que carece de criterio o que cambia constantemente de opinión cuando, por medio de otros recursos, le hace saber que no está de acuerdo con él.

—Mi amor, ¿quieres que vayamos al cine que dan la de Tom Cruise o al teatro a ver la obra que nos recomendó tu amigo Ricardo?
—Sí *(Viendo la tele)*.

Para Tannen, estas diferencias culturales llevan a que las mujeres pongan un mayor énfasis en la intimidad, de manera que su forma de conversar se proyecta sobre el eje de la solidaridad. Y es que si se reflexiona, en muchos casos —dicho por las mujeres mismas—, las mujeres fingen no entender cierto tema para que los hombres se sientan «útiles»: y les puedan explicar. Los hombres, en cambio, ponen el énfasis en la independencia de manera que su estilo conversacional se proyecta sobre el eje del poder: el hombre tendería a subrayar las diferencias jerárquicas y a marcar su estatus. Intimidad e independencia, imponen distintas exigencias y los conflictos son, en consecuencia, frecuentes.

—Yo cuando te cuento que estoy deprimida porque no me dieron el ascenso, no quiero que me digas qué hacer o qué decirle a mi jefe, simplemente quiero que me apapaches y me hagas cariñitos y me digas: «guapa, todo va a estar bien, ya llegará el momento, te lo mereces».

—¡Ah!, ps me hubieras dicho. No te preocupes, guapa, todo va a estar bien, ya llegará el momento, te lo mereces *(Le da besitos)*.

Muchos de los comportamientos conversacionales de la mujer, que buscan asegurar la intimidad, son, a menudo, interpretados por el hombre como intromisiones o cosas inmaduras o como —justo— propios del dichoso «sexo débil» —que tantas mujeres quieren eliminar del DLE.[25]

☞ *Tonas pa' las preguntonas*

La forma en que las mujeres y los hombres muestran afecto o se sienten apreciados en la chamba es también distinta. John Gray y la especialista en inteligencia Barbara Annis, llevaron a cabo más de 100 mil entrevistas entre ejecutivos hombres y mujeres en el lugar de trabajo, y resulta que, en general, los hombres sienten que las mujeres hacen más preguntas y que muchas veces esas preguntas interfieren con la chamba y la retrasan o que son muy criticonas y mandonas, mientras que las mujeres aseguraron que ellos no les hacen caso.

---

[25] *Diccionario de la Lengua Española*, antes DRAE, *Diccionario de la Real Academia Española* en: del.rae.es

Esto se debe, de acuerdo con Gray, a diferencias bioquímicas básicas: mientras que los niveles altos de testosterona masculinos empujan a los hombres a reaccionar más rápido, a querer ser el jefe de la manada y la cerecita del pastel, las mujeres, que tienen mayores niveles de oxitocina —la hormona del vínculo— son más inclusivas y tratan de promover al equipo. Sin embargo, no cabe duda, que el titubeo, el interés y el cuestionamiento de muchas mujeres, también y —otra vez— puede hacerlas ver como inseguras o inapropiadas. Las mujeres son mucho más dadas a hacer preguntas y comentarios, no a ser la guía de la conversación.

☞ *El lenguaje silente*

En otro estudio se observó que sólo cuando las mujeres quieren imponer una idea feminista, toman el control de la misma. Elizabeth Aries encontró que, al comparar las posturas corporales de hombres y mujeres jóvenes en discusiones grupales totalmente masculinas, femeninas o mixtas, los hombres se sientan más o menos de la misma manera con o sin mujeres presentes: ellos se pusieron en posiciones «relajadas», ocupando un amplio espacio a su alrededor. Sin embargo, las mujeres en su estudio se autodibujaron de manera graciosa, con posturas «afeminadas» cuando había hombres en el grupo, pero más relajadas y laxas cuando no estaban.

Podemos ver entonces que las maneras de hablar asociadas con la masculinidad son también asociadas con el liderazgo y la autoridad. Pero las maneras de hablar que se consideran femeninas no. Y por ello, lo que sea que una mujer haga para aumentar su autoridad puede comprometer su femineidad, a los ojos de los demás. Así, si una mujer es exitosa, el hombre u otras mujeres pueden pensar que es fría, dura, competitiva, ambiciosa o incluso mala onda. A mí muchas veces me han dicho: «Pues me figuré que cualquier mujer que fuera igual de exitosa que tú, tendría que ser enojona, mala onda u ojete».

Y en ese sentido, hay muchos tipos de evidencia donde mujeres y hombres son juzgados de forma diferente incluso si hablaran exactamente igual: si es un *zorro* es avezado, si es una *zorra* es una «puta», si es un *perro* es «ambicioso», si es una *perra* es una «hija de la chingada», si es un líder es talentoso y jala al equipo, si es una líder, probablemente hizo «algo» o se acostó con alguien para serlo. Y esto también tiene que ver con los términos de género de los que hablaremos en otro capítulo.

17

DIFERENCIAS CULTURALES O ENTRE FAMILIA, ESCUELA, PAÍS Y RELIGIÓN

☞ *En otros lares, culturas y estratos*

A medida que más nos conocemos, nos damos cuenta de que nuestro patrimonio cultural es la base de toda nuestra visión del mundo. Lenguaje y cultura van de la mano siempre, y por eso hay tantas lenguas y formas de expresión tan distintas. Podemos preguntarnos si la lengua influye en la cultura o viceversa, y la respuesta es que una no puede vivir sin la otra, pues se complementan.

El lenguaje refleja las diferencias culturales y viceversa, tanto geográficas —de una región a otra— como históricas —ya que van cambiando en el tiempo y por eso las abuelitas hablan distinto que los jóvenes— y también de estrato sociocultural —ya que no habla igual un letrado o letrada que un campesino.

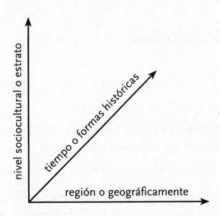

La lengua cambia en tres vertientes: de acuerdo al nivel sociocultural o estrato, en el tiempo o de formas históricas y según la región o geográficamente.

La conexión cultural entre las diferencias de lenguaje entre hombres y mujeres es una prueba importante de ello. En primer lugar, debemos tomar la palabra cultura desde un punto de vista amplio. En palabras generales, cultura significa «las características de un determinado grupo social, que se define por todo, desde la lengua, religión, gastronomía, hábitos sociales, música y arte».

Las diferentes características en las actitudes y comportamientos en distintas culturas son aún más evidentes. Por eso, cuando una persona quiere aprender un idioma, debe aprender también su cultura, ya que estas dos no pueden existir por separado. Una cultura es el producto del pensamiento humano y su trabajo; lo mismo requiere el lenguaje. Maltz y Boker, lingüistas ya citados en otros capítulos, consideran que las mujeres y los hombres son representantes de dos subculturas, a pesar de que tienen comunicación entre ellos a diario. Las mujeres y los hombres tienen antecedentes culturales específicos, lo que define el lenguaje de cada género con un estilo propio: la forma de hablar, con quién, cuándo, de qué manera, y esto varía de región en región, del campo a la ciudad, de la clase alta a la clase popular.

☞ *Infancia es destino*

También debemos tomar en cuenta que existen subculturas como la «cultura familiar», que también influye, ya que la educación es un factor decisivo para el lenguaje. Imaginemos una familia donde los papás educan a sus hijos de forma igual, ningún género sobre el otro, las niñas y los niños son iguales y ninguno tiene mayor prioridad. Con el tiempo, los niños crecerán con patrones similares y seguramente estudiarán indistintamente diversas disciplinas y por lo tanto sus palabras, estructuras e incluso estilos serán muy equiparables. Por otro lado, imaginemos otra familia que considera superiores a los niños, donde las niñas y mujeres adultas no comen en la misma mesa con los hombres o son ellas las que les sirven; los niños cuando crezcan tendrán definitivamente diferencias sorprendentes de lenguaje.

En realidad, la infancia es un periodo fundamental. Si un niño vive en una cultura, como por ejemplo la islámica de Arabia Saudita, donde las mujeres no pueden salir si no están acompañadas de un varón, no pueden tener cuentas de banco, ni conducir un auto, ni leer en público, ni entrar ni siquiera en un Starbucks, pues entenderá que lo *normal* es la dominación de los hombres —como lo fue en Occidente durante tantos milenios—, y así, la brutalidad, el uso de la palabra sin titubear, los gritos y demás, se volverán el patrón a seguir cuando crezca y será muy difícil cambiarlo y esto es tan sólo un ejemplo sobre la importancia del entorno cultural en el lenguaje.

Por otra parte, no podemos dejar de lado la vida económica y política como parte importante en el desarrollo del lenguaje. La situación económica y el poder político se reflejan en el lenguaje de cada género. Cuando un país es liderado por una o varias mujeres, sin duda el discurso será sobre cómo las mujeres pueden llegar alto.

☞ *Hay casos peores*

En términos lingüísticos, el estilo, es decir, la forma en como se dice algo, la entonación, el estrés, el tono, el vocabulario, la voz, la forma, el lenguaje corporal, es mayormente distinto entre hombres y mujeres en culturas menos desarrolladas, en estructuras rurales o en comunidades religiosas, como por ejemplo en la cultura de castas, establecida por la religión hindú en India.

Si las mujeres nos quejamos de las diferencias culturales de nuestro mundo occidental, del sexismo, de que nos digan «damitas» y que siempre seamos interrumpidas —que no es para menos—, en otras culturas es aún peor. Estas sutiles diferencias entre la forma de hablar de hombres y mujeres en español, inglés y otras lenguas occidentales no son nada si las comparamos con otras lenguas. Por ejemplo, el español distingue el sexo en la tercera persona del singular o del plural: él o ella, ellos o ellas, pero no en la segunda persona: tú, ustedes —ya sean mujeres u hombres—, mientras que la lengua amárica —que se habla en Etiopía— distingue entre «tú femenino», *anchi*— y «tú masculino», *anti*. Se trata de una cultura islámica, ancestralmente sexista, en donde esto es necesario.

Por su parte, en la lengua tai, de Siam, hay dos formas de decir gracias, dependiendo si se es mujer —*kop kun kaa*— u hombre —*kop kun krap*—, y en hebreo, la cosa se pone «piiior», porque hay cuatro formas de decir «te amo»:

- *Ani oev otaj*, si se lo dice un hombre a una mujer.
- *Ani oevet otjá*, si se lo dice una mujer a un hombre.
- *Ani oev otjá*, si se lo dice un hombre a otro.
- *Ani oevet otaj*, si se lo dice una mujer a otra.

En sueco, una lengua que pareciera muy actual y vanguardista ya que hoy es hablada por una de las sociedades más equitativas que conocemos, hay, sin embargo, muchos rasgos sexistas, heredados de una cultura puritana ancestral; por ejemplo, los términos de parentesco distinguen la línea masculina de la femenina, y hay cuatro maneras de decir nieto:

- *Sondotter*, hijo de mi hija.
- *Sonson*, hijo de mi hijo.
- *Dotterdotter*, hija de mi hija.
- *Dotterson*, hija de mi hijo.

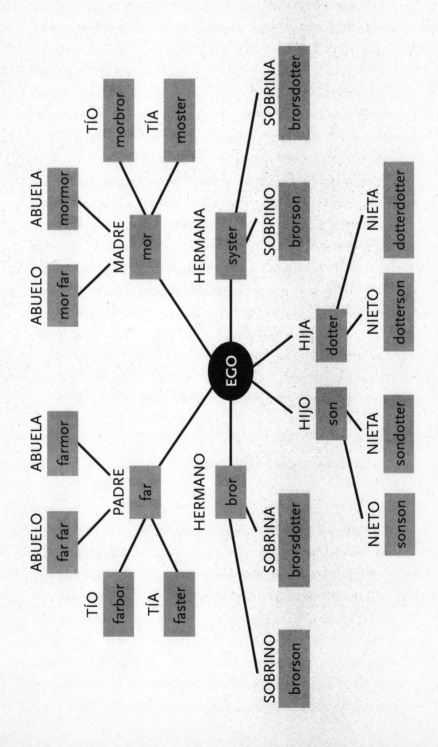

Rasgos como éstos reflejan lo que ha sido el papel y la interacción de los hombres y las mujeres en una cultura y cómo se vive, y si ésta discrimina lo femenino en general, esto se verá marcado en la lengua.

En Koasati, una lengua nativa norteamericana de la familia muskogueana, los hombres y las mujeres hablan incluso ¡con diferentes fonemas y sonidos! Por ejemplo para decir «frijol», los hombres dicen *palana* y las mujeres *palaana*; para decir «caballo», los hombres dicen *choba* y las mujeres *chooba*.

Por último, es interesante referirnos a una lengua escrita en la región de Hunan en China, que existió hasta el año 2001 cuando murió su última hablante: el nushu, que es, hasta ahora, la única lengua conocida que solamente era comprendida por mujeres —algo así como cuando nuestras mamás hablaban con prefijos como *efe-* o *chi-*, para que no las entendiéramos— como una forma de expresión para soslayar los sentimientos de opresión en una cultura campesina machista y como un código encriptado que se transmitía de madre a hija en una sociedad en donde las mujeres vivían aisladas y encerradas en casa del marido, y la única forma de comunicarse con otras mujeres era por carta.

☞ *Estrato social diferente*

De las causas sociales en las diferencias de género en cuanto a estilo de discurso, la más críticas es el nivel de educación. En todos los estudios se ha reportado que, entre más diferencias entre las oportunidades educativas para niños y niñas existan, mayores son las diferencias en el discurso entre hombres y mujeres, y a menor educación, más diferentes serán sus formas de hablar. En un estudio llevado a cabo en la Universidad de MIT, en Boston, se notó que entre profesores y profesoras la divergencia estilística y de léxico de discurso entre los dos sexos era de no más del 9%, mientras que, entre campesinos, ésta subía a 23 por ciento.

En muchas partes del mundo, se espera que los hombres pasen más tiempo en las escuelas y esto hace que el léxico y el lenguaje cambie radicalmente, mientras más oportunidades de educación tengan las mujeres, más se equipara esta diferencia. En casi todos los países de Occidente —de los de Asia y África mejor ni hablamos— en el estrato popular las mujeres suelen ser más sumisas a los hombres que en los estratos medios.

La filósofa feminista Luce Irigaray señala que la mujer de estratos inferiores tiende a hablar más de «nosotros» que de «yo», como para no asumir la responsabilidad y consecuencia de sus acciones. Este rechazo de la posición de agente se considera propio de un discurso «vacío de poder». Este hecho tiene para Irigaray dos explicaciones: la ausencia de modelos femeninos socialmente legitimados, que sitúan al hombre en la posición de modelo y juez, y el carácter relacional de la identidad femenina que, por tradición, imposición, voluntad o esencia, busca el diálogo con «el otro».

Por tanto, hoy por hoy, en contextos públicos y laborales, así como de divulgación y gestoría de cualquier tipo, las mujeres que leen, que estudian, son también las que más hablan.

COROLARIO

Pues sí señores, ya lo vimos, hombres y mujeres hablamos distinto. ¿Por qué hablamos distinto? Porque somos distintos. ¡Viva la *différence*!

Mi entrenamiento e investigación en lingüística me dio para observar, describir y explicar patrones del habla, y patrones de la conducta humana —en relación con los dos géneros diferentes, con esas dos maneras de hablar o generolectos— y para poder darnos cuenta de que las causas de su divergencia se deben a una combinación enmarañada de influencias antropológicas, psicológicas, lingüísticas, geográficas, biológicas y más.

Simplemente quise usar diversos datos recopilados de la ciencia, la historia y la lingüística para explicar desde diversos ángulos y situaciones de la vida real esta brecha de comunicación entre mujeres y hombres, que aun y cuando buscamos la equidad, nunca vamos a poder ser iguales.

Como conclusión, basta reconocer eso, que como no somos iguales, no pensamos de la misma forma, ni hacemos las cosas de la misma manera, y por tanto tampoco nos comunicamos del mismo modo, pero esto no implica que uno de los dos «lo haga mal» o «lo haga peor». Distintos, pero no mejores ni peores. Atribuir las dificultades en la comunicación al uso de distintos estilos no es lo mismo que atribuir las dificultades en la comunicación a las faltas o errores de uno o de otro. Los hombres interrumpen —y un chingo—, las mujeres hablan de sus cuitas en la intimidad; los hombres evaden —siempre—, las mujeres intensean —muy cañón—; ésos son hechos insondables y punto.

Obviamente, todo lo descrito como «masculino» y «femenino» en este libro es paradigmático y no hay cerebros masculinos en todos los hombres ni femeninos en todas las mujeres, y esto quiere decir que no siempre se aplica a fuerza y en todos los casos. Por eso concluimos que las mujeres sí tienen un lenguaje específico y distinto al de los hombres, pero cada persona —según sea el caso— podrá tener una mezcla de estas características; algunos hombres pueden ser muy expresivos y emocionales, y algunas mujeres serán más serias y no tan sentimentales.

Hoy en día, podemos ver a muchas mujeres que dejan atrás a los hombres al hablar en público y algunos hombres que sí se atreven a expresar sus sentimientos, ya que, de alguna forma, el lenguaje se está volviendo más «unisex», y esto tiene que ver con la legitimación del discurso femenino y con el fortalecimiento de la posición social de la mujer, que cada vez está presente en mayores y diversos contextos.

Nos quedamos así con buen sabor de boca, pensando que, en algunos años, este libro podrá tener una segunda parte.

To be continued...

BREVE GUÍA DEL «FEMEÑOL» Y DEL «MASCULINÉS»

Femeñol:

* **Sí** = No
* **No** = Sí
* **Es posible** = No
* **Lo lamento** = Me importa madres lo que pienses
* **Necesitamos** = Quiero
* **Es tu decisión** = Lo vas a lamentar si lo haces
* **Hacemos lo que tú quieras** = Está bastante claro lo que quiero
* **Haz lo que quieras** = Vas a pagar por esto, verás
* **Tenemos que hablar** = Tengo algo de qué quejarme
* **Tenemos que hablar (con tono más serio)** = Lo nuestro ha terminado
* **Seguro, hazlo** = No quiero que lo hagas (te vas a arrepentir)
* **No estoy enojada** = ¡Por supuesto que estoy enojada, cabrón!
* **Lo mismo de siempre** = Nomás no aprendes
* **No, no es nada** = Esto ha sido muy importante para mí
* **Nada, de veras** = Te darías cuenta si no fueras tan estúpido
* **¿Me quieres?** = Hice algo que no te va a gustar mucho...
* **¿Me quieres mucho?** = Hice algo que no te va a gustar nadita...
* **¿Cuánto me quieres?** = Quiero que me compres eso que vale un riñón y parte del otro
* **¿Crees que estoy gorda?** = Dime que no (ni se te ocurra decir lo que piensas)
* **Tienes que aprender a comunicarte mejor** = Tienes que aprender a darme siempre la razón, la tenga o no

* **Estoy lista en un minuto** = Quítate los zapatos y busca algún partido en la tele, porque voy a tardar dos horas
* **Eres tan masculino...** = Tienes que rasurarte y bañarte, hueles a sudor
* **Escuché un ruido** = Me di cuenta de que te habías dormido y estabas roncando
* **Esta cocina es muy incómoda** = Quiero una nueva casa
* **Cuelga el cuadro ahí** = Ahora ya no... ¡ahora quiero que lo cuelgues ahí! *(esta secuencia se repite varias veces)*

Masculinés:

* **Tengo hambre** = Tengo hambre
* **Tengo sueño** = Tengo sueño
* **Estoy cansado** = Estoy cansado
* **El partido acaba dentro de cinco minutos** = ¿Y yo qué sé cuánto queda?
* **¿Me dejas los apuntes?** = ¿Me dejas los apuntes?
* **Te invito a...** = ¡Cómo me gustaría cogerte, reina!
* **¿Tienes novio?** = ¡Cómo me gustaría cogerte, reina!
* **¡Qué vestido tan bonito!** = ¡Qué chichis tienes!... ¿Puedo...?
* **¿Qué te pasa?** = Estás loca
* **¿Qué te pasa?** = Ay, ¡qué desperdicio de tiempo, podríamos estar cogiendo!
* **¿Qué te pasa?** = O sea, que esta noche, de coger ni hablamos
* **Yo también te quiero** = Sí, sí, ¡vamos a la cama!
* **Sí, me gusta cómo te cortaste el pelo** = Me da lo mismo
* **Sí, me gusta cómo te cortaste el pelo** = ¡¿Eso te costó 1200 pesos?!
* **¿Te casarías conmigo?** = No quiero que te acuestes con ningún otro hombre, en toda tu vida
* **(De compras) Éste me gusta más** = ¡Por vida de Dios, agarra cualquier cosa y vámonos para casa de yaaaa, weeey!

BIBLIOGRAFÍA

Asimov, Isaac. *Treasury of Humor*. EE.UU: Houghton Mifflin Co. 1971.

Bauer, Laurie y Peter Trudgill. *Language Myths*, EE.UU.: Penguin Random House, 1998.

Bellugi, U. «Learning the language», *Psychology Today*, 4, 1970.

Baron-Cohen, Simon. *The Essential Difference: men, women and the extreme male brain*. EE.UU.: Penguin/Basic Book, 2003.

Berger, Peter L. *Los límites de la cohesión social: conflictos y mediaciones en las sociedades pluralistas*. España: Galaxia Gutenberg; Círculo de Lectores, 1999.

Bernstein, B. «Language and Social Class», *British Journal of Sociology*, 12, 1960.

Blandón Jolly, José Ángel. «Antigüedad», *¿Por qué nos gusta tanto el sexo?*, México: Editorial Otras Inquisiciones, 2014.

Bloom, B. S. *Stability and change in human characteristics*. Nueva York: Wiley, 1964.

Blount, B. C. «Paternal Speech and language acquisition. Some luo and samoan examples», *Anthropological Linguistic*, 14, 1972.

Bouchot Valiñas, José Manuel. «Erotismo posmoderno. Revolución sexual», *¿Por qué nos gusta tanto el sexo?*, México: Editorial Otras Inquisiciones, 2016.

Bremmer, Joseph. «La psicología del enamoramiento» en *Algarabía* 14, México, 2003.

Bronfenbrenner, U. «The origins of alineation», *Scientific American*, 231 (2), 1974.

Carrington, Q., Dr. Inan. «Era Industrial», *¿Por qué nos gusta tanto el sexo?*, México: Editorial Otras Inquisiciones, 2015.

Chambers, Jack. *Sociolinguistic Theory: Linguistic Variation and Its Social Significance*, Canadá: University of Toronto, 2009.

Clark, E. «What's in a Word? On the child's acquisition of semantic in his first language». En T. Moore (ed.), *Cognitive development and the acquisition of language*, Nueva York: Academic Press, 1973.

COHEN, Marcel. *Manual para una sociología del lenguaje,* Madrid: Fundamentos, 1974.

DARWIN, Charles. *El origen de las especies,* España: Época, 2010.

DEUTSCHER, Guy. *The Unfolding of Language,* Reino Unido: Random House, 2005

DITTMAN, N. *Sociolingüística,* Londres: Arnold, 1976.

EAGER, Ron. *Student-Adaptive Mathematics Pedagogy.* EE.UU.: University of Colorado, 2013.

EDELSTEIN, Jean Hannah. *Himglish and Femalese, Why women don't get why men don't get them,* Reino Unido: Penguin Random House, 2010.

FRASER, C. y Roberts, N. «Mothers speech to children of four different ages», *Journal of Psycholinguistic Research,* 1975.

GÓMEZ ÁLVAREZ, Malusa. «Modernidad», *¿Por qué nos gusta tanto el sexo?,* México: Editorial Otras Inquisiciones, 2014.

GRAY, John N. *Men Are from Mars, Women Are from Venus,* EE.UU.: HarperCollins, 1992.

HARNESS GOODWIN, Marjorie. «Organizing Participation in Cross-Sex Jump Rope: Situating Gender Differences within Longitudinal Studies of Activities». En: Gender Construction in Cross-Cultural Perspective: Views from Children's Same-Sex and Mixed Sex Peer Interactions». En: *Research on Language and Social Interaction 34,* EE.UU.: UCLA, 2001.

HARRIS, Marvin. *Caníbales y reyes. Los orígenes de las culturas.* Horacio González Rojas (trad.), Barcelona: Salvat Editores, 1986.

_____. *La cultura norteamericana contemporánea: una visión antropológica,* 1981, 1a. edición en español: 1984.

_____. *Vacas, cerdos, guerras y brujas: los enigmas de la cultura,* Madrid, Barcelona: 1a. edición al español por Alianza Editorial, 1980.

_____. *Comportamiento íntimo,* Barcelona: Plaza Janes Editores, 1972.

IRIGARAY, Luce. *Ese sexo que no es uno,* Argentina: Editorial Akal, 2009.

HAVERKATE, Henk. *La cortesía verbal, estudio pragmalingüístico,* Madrid: Gredos, 1994.

KUSNETZOFF, Juan Carlos. *La mujer sexualmente feliz,* España: Granica, 1988.

LAKOFF, Robin. «Language and women's place». *Language in society 2,* EE.UU.: 1973.

LOZANO DOMINGO, Irene. *Lenguaje femenino, lenguaje masculino. ¿Condiciona nuestro sexo la forma de hablar?,* Madrid: Minerva Ediciones, 1995.

MALTZ, D. y BROKER, R. «A cultural approach to male-female miscommunication». En J. Gumperz, *Language and social identity*, EE.UU.: Cambridge University Press, 1982.

MEHL, Matthias; M. R., Vazire, S., Ramírez-Esparza, N., Slatcher, R. B., & Pennebaker, J. W. «Are women really more talkative than men?». En EE.UU., *Revista Science*.

MONTES DE OCA SICILIA, Pilar y Pérez Morales, Ilse Lyssen. «Edad Media». *¿Por qué nos gusta tanto el sexo?*, México: Editorial Otras Inquisiciones, 2014.

MONTES DE OCA SICILIA, Pilar. *El Chingonario*, 2a edición, México: Selector y Algarabía Editorial, 2017.

MORRIS, Desmond. *El zoológico humano*. Adolfo Marín (trad.), Barcelona: Plaza & Janés, 1972.

_____. *El mono desnudo*, Barcelona: DeBolsillo, 2003.

PENNEBAKER, James W. *Emotion, Disclosure, and Health*, Washington, D.C.: American Psychological Association, 1995.

PINKER, Steven. *The Blank Slate, The Modern Denial of Human Nature*, Nueva York: Penguin Books, 1996.

ROGERS, S. *Children and Language*, Londres: Oxford University Press, 1975.

ROTHAM, Lily. «*A Cultural History of Mansplaining*». *The Atlantic*. Noviembre, 2012. En: www.theatlantic.com. Consultado el 12 de febrero de 2016.

SAPIR, E. *Language*, Londres: Rupert Hart-Davis, 1929.

TANNEN, Deborah. *You Just Don't Understand*, EE.UU.: Ballantine Books, 1990.

VÁZQUEZ LOZANO, Gustavo. «Prehistoria». *¿Por qué nos gusta tanto el sexo?*, México: Editorial Otras Inquisiciones, 2014.

VILLIERS, P. A. y J. G. Villiers. *Primer lenguaje*, Madrid: Morata, 1980.

VYGOTSKY, L. S. *Thought and Language*, Cambridge: Mass: M. I. T. Press, 1962.

WHORF, B. L. *Language, thought and reality*, Nueva York: Wiley, 1956.

ZIMMER, Ben. Tag. *You're It! «Hashtag»*. Wins as 2012 Word of the Year, January, 2013. En: www.visualthesaurus.com. Consultado el 12 de febrero de 2016.

¡Es que no me entiendes! de María del Pilar Montes de Oca Sicilia
se terminó de imprimir en noviembre de 2017
en los talleres de
Litográfica Ingramex, S.A. de C.V.
Centeno 162-1, Col. Granjas Esmeralda, C.P. 09810
Ciudad de México.